你比想像中強大

당신은 생각보다 강하다

書中提及的姓名皆為假名，
亦非針對特定病患案例而寫。

謹以此書獻給已逝的父母親。

推薦序 1

「想得太多，做得太少，是苦惱的來源。可是要如何讓自己有動力，開始做一點事情？這本書協助你按下腦中的暫停鍵，每天幫自己往前推一點，如果痛苦暫時不會消失，就起身朝『做點什麼』前進吧！驚喜，就在前面等你。」

——Podcaster／**海苔熊**

推薦序 2

「『保留自我而不耽溺在自我中心』這是我們一輩子的功課。從身心症狀回推我們該怎麼活，最終都希望人們能擁抱更多身心健康平和的幸福感，這本書一語道破現代人的掙扎和拉扯、希望和可能性。」

——諮商心理師 暢銷作家／**黃之盈**

推薦序 3

「出乎意料地，這是一本紮實的心理治療入門書籍，但寫法十分親切，無論是接受治療或進行自療，都需要這份前情提要。」

——善言心理治療所所長˙臨床心理師／**劉仲彬**

推薦序 4

「不反芻過去，而是專注現在，活出自我，並重啟人生主導權。全醫師溫暖而堅定的書寫癒療了我。若你常感到焦慮，這本書便為你而寫。」

——**愛麗絲閱讀筆記**

推薦序 5

「書中給了智慧和啟示：當我們把注意力從自己身上轉移，開拓視野，與他人互信，獲得餘裕和平衡，活出真實自己時，生活將更加充實美好。讓善意連接彼此，創造豐富的人生。」

——「Apple's 愛閱札記」FB粉專經營者／**鄭如惠**

作者序

我在精神科診間裡的日子

2022年，我失去了父親，不久後又失去了母親。被診斷為胃癌四期的父親，雖然一直堅強的與病魔抗戰，病況卻在某個瞬間突然惡化。每當去探望父親時，看到他因病而痛苦不堪的模樣，就會使我心煩意亂、無法集中精神做家事，也無法好好處理診所的事務。

在填寫安寧緩和醫療申請書的那天，我無法抑止內心的自責和悲傷，回到家後大哭了一場。父親的病情一天比一天堪慮，我們全家人都很害怕來自醫院的電話，總是成天處於極度緊繃的狀態。

躺在病床上的父親說的每句話，似乎都成了給我們的遺囑。

父親交代身為子女的我們，要好好照顧因為腦出血身體不適的母親；他也交代母親，希望她吃得飽、穿得暖，不要總想著節省開銷。我在父親面前為了不讓眼淚落下，努力睜大眼睛、假裝開朗，但等到探病時間一結束、離開醫院大廳那一刻，我的淚水就開始潰堤，常常整個週末都在哭。

直到有一天，醫院通知父親病危，要我趕緊過去一趟。我立刻飛奔了過去，也就在那天，父親永遠離開了我們。

父親總是竭盡全力照顧家人，我完全沒有任何有關父親不好的回憶。母親腦出血後智力退化到孩童程度，但父親依然扮演一個好丈夫。即便處於艱難的手術和抗癌治療的過程中，他也始終是一個成熟的人，從未對周圍的人發脾氣。

父親離開後，我感受到的悲傷遠比預期的還要深刻，與父親別離的過程也比我想像中還要艱難。

在我還無法從悲傷中走出來的時候，另一波悲傷卻又席捲而來。在父親去世的十天後，母親因第二次腦動脈瘤出血動了緊急手術，躺在加護病房好幾週，最後去了父親身邊。

也許是一直以來琴瑟和鳴的父母，捨不得讓其中一人孤獨離去；也許是因為父親始終掛心著仍在世上的妻子；又或者是因為父親不放心將母親交給子女們……我不知道具體的原因是什麼。有人說這是真愛，也有人說我的父母很善良，所以不想讓子女受苦。

這本書是我在送父母離開後所寫。當時的我雖然可以向出版社要求延後截稿日期，但我知道自己需要一些壓力以激勵自己做些事情。我想反正也睡不著，於是每天清晨就坐在書桌前專心寫書。

湊巧的是，這本書的主題也正是我想對自己說的話。

我在書中提及的人們，症狀就跟當時的我一樣。對世界上一切事物都失去了興趣，我蜷縮在被子裡，對抗著湧上心頭的無數負面想法，我的身體像被水浸過的棉花軟弱無力，也失去了喜怒哀樂的情緒。

我將自己沒有及時行孝的過往逐一挖出並為此深深懊悔。我自責當時沒有提早安排母親做腦血管檢查，也沒有幫父親做內視鏡檢查。我當不成一個好女兒，也當不了一個好醫師，對於這樣的自己感到極度憤怒。身為精神科醫師的我，當時親身經歷了病患們的各種症狀，人生徹底崩塌。

回顧我在診間遇見的人們，大致有三個共通點。

第一，不斷反芻自己的過往創傷。認為現在的自己之所以痛苦，都要歸咎於過去發生的某些事件，並以此定義自己的人生、沉浸在悲傷之中。

第二，不斷思考自己為何如此痛苦，並深入挖掘自己的問題點。「我為什麼這麼沮喪、焦慮呢？」在深入探索的過程中，又變得更加憂鬱不安。

第三，不知道自己為何而活，感受到龐大的空虛感，喪失了探索人生意義和價值的動力。

這些人不斷反芻記憶裡模糊的過往，並試圖從中找到導致現在如此痛苦的根源。當他們聽到專家表示「你之所以這麼痛苦，是因為年幼時沒有與父母建立良好的依附關係」後，便感到如釋重負，產生「既然已經找到原因了，現在一切都會好起來」的想法，認為生命中的難關終於獲得解決。

然而奇怪的是，人們總是會再次重蹈覆轍，就像傀儡娃娃一般，彷彿有個看不見的人正在操縱自己。例如，有人總是遇到不好的對象，在一段段坎坷的戀愛中載浮載沉；有人則是無論在物質或情緒上，都無法脫離父母的控制。人們最常對我說的話就是「你說的我都懂，但做起來很困難」，因為當我們被腦海裡的思緒和情緒所吞噬時，便會喪失主導人生的能力。

在被混亂的思緒和情緒淹沒時，我們需要的並不是徹底分析自己的心理狀態，也不是安慰受傷的內在小孩，而是要關掉過度思考的開關，正面解決心理上的不適。當然，內心處於嚴重虛弱的狀態時，要關掉過度思考的開關絕不是件容易的事。但是，透過仔細觀察來訪的人們，我發現了一個真相——我們其實擁有揮別負面思考習慣的能力。

我們往往比自己以為的更加強大。曾經不斷反芻過往創傷的人，現在對未來懷抱著夢想，並訂出下個階段的計畫；曾經被父母「煤氣燈操縱」而失去主見的人，現在已經勇於結束有毒的關係；曾經不知道為何而活、哀嘆生活空虛的人，現在發現了生命的意義和目的，重新找回活下去的熱情。正如班傑明・富蘭克林的名言：「生命真正的悲劇不在於我們缺乏足夠的優勢，而在於我們無法充分運用早已具備的一切」。

我們生活在劇烈變化的環境中，透過每時每刻的選擇來建構人生。人們根據自己所選擇的生活方式，以及看待世界的心態，活成渴望的模樣。即使是看似無解的人際關係、環境條件，同樣可以由我們主動改變和調整。

透過這本書，我想要告訴大家，我們絕對有能力奪回人生的主導權、掌控生活，並解決心理的困擾。不要持續糾結於焦慮、憂鬱和敏感，唯有了解現況、主動執行、採取行動，才有可能打破過去固有的模式。

這本書，是為了讓你發掘自己潛藏的心理能量和主導力而寫：

第一章，我會探討如何停止「內耗思考」的習慣。透過另一個視角，取代「過度聚焦自身狀態、長期反芻創傷、提前擔心未來」的思考習慣。

第二章，談論的是如何達到心理獨立的狀態。只有具備獨立思考和判斷的能力，才有機會主導自己的人生。

第三章，讓我們一同學會面對讓人煎熬的情緒。當出現自責、後悔、失落、焦慮、渴望被認同等情緒時，我們可以有哪些應對方法。

第四章，如何解決大家最困擾的人際問題。分享身為精神科醫師的我最常給予的建言。複雜的人際關係令人頭痛，因此，我們需要培養看人的眼光，只將值得深交的人留在身邊。

第五章，探討如何與社會建立連結、活得自在充實。當你已經擺脫了折磨自己的思考習慣，也發掘出內在的主導力，就來到投入新生活的時候了！

不過，如果你期望在這本書中得到溫暖的慰藉，我可能會讓你失望。因為我希望透過這本書提供的是更務實的建議與方法，而非心靈雞湯。我想讓你知道，你一定能跳脫現在無助、無力的狀態，請相信自己絕對有能力改變；你一定能夠發現自己內在的心理能量，因為你遠比自己想像中更加堅強和勇敢。

2022年，是我生命中最艱難的一段時期，但在寫下這些文字的過程中，我的心也一點一滴逐漸復甦。人只要擁有一顆堅定的心，就能夠帶來改變。當我領悟到這一點後，再次產生了振作的勇氣。我衷心期盼，這本書也能帶給你同樣的勇氣。

全美暻

目錄 contents

第 2 章
找回建構強大內心的潛在力量
‖ 在獨立思考與判斷中，重啟人生的主控權 ‖

第 3 章
認識真實自我，設定自己想要的人生
‖ 追逐愛與肯定的過程中，如何不失去自我？ ‖

第 4 章
重整人際圈，
建立舒適的正向關係
‖ 將重要且有限的時間，保留給「有意義的人」 ‖

第 5 章
發現生活的喜悅，
盡情活出自由的人生
‖ 做自己的生命主宰，串連每一個幸福的瞬間 ‖

contents
目錄

第 1 章

跳脫自我折磨的內耗思考模式

過去與未來
對「現在」都無關緊要

過度聚焦在自己身上，也是一種侷限

一名康復中的憂鬱症患者曾跟我説過：

「我覺得我現在很單純。餓了就吃飯，累了就睡覺。不管別人説什麼，我都左耳進、右耳出。之前完全不是這樣，常常翻來覆去、胡思亂想。只要別人説了什麼，我就會一直反芻思考，為什麼他會説出這種話？我做錯了什麼？我以後該怎麼辦？別人的言語總是在腦子裡吵吵鬧鬧。現在不是這樣了，現在的我感到很輕鬆。」

前來看診的憂鬱症患者們，常常表示自己雖然全身癱軟無力，腦袋卻馬不停蹄在運轉。

如果總把負面情緒
放在第一順位

慧妍的腦袋時常轉個不停，她認為自己是個失敗者。沒能進入理想的大學、理想的公司，也沒有談過穩定的戀愛。當焦慮湧上心頭時，便會試著找出自己的人生究竟是哪裡出了錯。

出生在雙薪家庭的她，年幼時曾經被託給外婆照顧一整年，她認為自己的依附模式因此出了問題。還有，國中也曾受過霸凌，或許是從那時候開始，人生就成了一團亂。慧妍常深陷於過往的泥沼中，一遍又一遍回想起不幸的往事，其中烙印著自責、自卑、憤怒和羞愧等情緒。

雖然表面上看起來與身邊的人相處融洽、個性很無害，然而只要深入瞭解就會發現，慧妍是因為不喜歡收到負面回饋，才在表面上迎合他人，她其實一點都不在乎別人的想法。儘管本性敏感又挑剔，但這一面只有家人知道，絕對不會展現給同事或朋友看。跟其他人相處時，她常常使用「哇！」、「太厲害了！」、「真的嗎？」等讚嘆詞，但這些話裡面沒有靈魂，只是為了應付當下而做出的反應。

慧妍有她自己的理由。

她認為自己的思緒錯綜複雜，沒有空間給其他人或外界的事物，腦中總是充斥著以「我」開始、以「我」結束的內容。她常常在想：「我能做好嗎？」、「這出了問題，會算在我頭上吧？」、「如果有人批評我，該怎麼辦？」，種種擔心佔據了腦袋。

如果把視線鎖定在自己身上，就沒有辦法從不同角度看到世界的模樣，只會將外界區分為「對我友善」和「對我不友善」兩種。慧妍沒有意識到自己這樣的慣性思考模式，一旦開始陷入負面思考，就會無限循環、耗費大量精力，結果負面想法又引來更多的負面想法。

我周圍有很多這樣的人，像是專家一樣，深入研究自己的負面情緒。他們熱衷於閱讀心理學相關書籍，在閱讀時，雖然覺得自己通透瞭解，但闔上書籍，腦中卻記不起任何內容。他們也會訂閱心理專業相關的YouTube頻道，搜尋「克服焦慮的方法」、「絕對不該結交的朋友類型」等內容。然而，過多的心理知識反而綁手綁腳，只要有人對自己特別友善，就懷疑對方別有居心；對於別人隨意說出口的一句話，也會賦予意義、過度解讀，常常陷入自己的小圈圈中，造成情緒內耗。

當一個人全然專注在自己身上時，很難認知到自己、他人和世界其實處在同一艘船上，容易喪失正確分辨的能力。在過度聚焦的眼中，自己過去的痛苦經歷是最重要的，自己的負面情緒也是世界上最重要的事情。儘管為了理解自己的情緒而不斷努力挖掘、尋找焦慮的根源，卻只有在當下可以短暫獲得理解和安慰，這樣的力量不足以使人持續活在當下，也無法帶來自我成長和拓展。人類擁有無窮的自主性、意志和能力，但光是深入挖掘過去、焦慮並不斷反芻，是絕對無法培養出這些能力的。從二十歲起就一直被同樣煩惱困擾的慧妍，花費了超過十年，仍在原地打轉。

有意識地
與「自己」保持距離

我們，尤其在這個資訊爆炸的年代，更需要練習的是「減少思考自己的事情」。自我反省是必要的，唯有反思自己的行為才能解決問題。然而，「反芻思考」不一定能得到良好的解方，也不一定能讓人變得更好。

無謂的想法常造成情感消耗和精力耗損，複雜的想法則會引發更複雜的情緒。當腦中充滿「自己」時，負面的想法很容易隨之而來。回想過去時，伴隨的是後悔和自責；思考未來時，不自覺感到焦慮；越努力不自我貶低，反而越容易被負面的想法吞蝕。我們必須放下「腦中的所有想法都有深刻的含意、有偉大的真理」這個觀念。

試著有意識地與自己保持距離吧！最簡單的方法，就是養成「將注意力從自己身上移開」的習慣。感到憂鬱時，如果一直在意自己的憂鬱，心情會好轉嗎？完全不會。每個人肯定都經歷過，在心情低落時出門散步、看電影或與朋友相聚，結果回家後，完全忘記自己本來在沮喪的經驗。

根據哈佛大學的社會心理學家丹尼爾・韋格納（Daniel Wegner）提出的「白熊效應」（white bear effect）理論，當我們聽到「不要去想像一隻白熊」時，腦海中反而更容易浮現白熊的模樣，這時最有效的方法，就是刻意去想像白熊以外的動物，例如一隻黑色大象或一隻黃色金絲雀。

為了擺脱過度的自我耽溺，我們應該要專注於當下。試著有意識地不去專注在過往的不幸以及對未來的擔憂，將自己拉回此時此刻。在喝咖啡時，就專注於咖啡的香氣和味道；在傾聽朋友的煩惱時，就全神貫注在朋友的心情；在參觀畫展時，便嘗試理解藝術家的世界，由衷發出讚嘆。

只要慢慢練習，世界上的美好事物將會逐漸映入眼簾。我們將能夠感受到朋友的真心、看見櫻花的美麗、聽見音樂的動人，這麼一來，才可以在享受世界的同時，活出真正的自己。

努力調整想法，問題卻沒有獲得解決

「醫師，為什麼我會這麼痛苦呢？」

「接受諮商，焦慮就會消失嗎？」

「我覺得心理出現了問題，需要治療嗎？」

許多人來就診時，都會詢問我這類問題。他們將自己定義成脆弱的人，認為要將自己的內心全都打掉重練，煎熬的時光才會過去，所以決定尋求心理諮商、精神科的協助，也訂閱心理相關的YouTube頻道、閱讀相關書籍，四處尋找解方。然而，在與這些人相處的過程中，我逐漸意識到一個現實。

有些時候，當我靜靜傾聽他們的故事時，我發現，需要調整的不是他們的內心，而是「導致他們內耗的情境」。當然，確實有許多患者正面臨著心理疾病，但我也遇到不少人，他們只是深陷於負面情緒之中，卻忽略了生活中真正的問題。他們是因為特定的問題才感到痛苦，卻不願意積極解決那些問題，而一心認為只要改變想法，問題就會迎刃而解。

活出「想法、情緒、行為」保持一致的人生

只有當想法、情緒和行為一致時，我們才會感到舒坦。

換句話說，只要其中一項不協調，人的心裡就會湧上不適的情緒。舉例來說，假設你和關係不好的同事A共同負責一個團隊計畫。在你腦海中，「討厭A」的想法一直縈繞不去，但直到計畫結束前都必須和A整日一起工作，這讓你十分焦慮不安。這份焦慮感，正是因為想法、情緒和行為各過各的才導致。此時，我們需要讓這三者達成一致。

當然，最好的方法是「不和A一起工作」。只要不和A共事，你的心情就會變得輕鬆、腦袋也不再糾結。然而，職場生活並非如此簡單，以「不想與某同事共事」為由來拒絕工作並不容易。因此，大多數人會試著調整自己的心情，努力壓抑反感，安撫自己「沒事的！撐過去就好！」，但這樣的方法只會讓自己更加疲憊。

強行壓抑不斷湧現的負面情緒，告訴自己「沒關係」，並且努力擠出正面情緒，這個過程需要消耗相當大的情緒能量。正面情緒應該是自然產生的，如同看到孩子可愛的模樣時，媽媽會不自覺微笑；欣賞壯麗的自然景觀時，內心震撼而激動不已。但是，如果我們試圖「強迫自己產生正面情緒」，心裡就會很不舒服。

當嘗試「調整心情」失敗，我們下一步通常會嘗試「調整想法」。例如告訴自己「A也算是還不錯的同事啦！」如此強迫自己改變想法，或者告訴自己「這次的計劃是很好的機會，我一定要好好表現，和A完美合作！」這是為了解決「雖然非常討厭與A共事，但現實讓人無可奈何」這種「認知失調（cognitive dissonance）」的方法。

有一個關於認知失調的寓言故事，名為「狐狸與葡萄」。狐狸無法摘取在高處的葡萄，於是就看著葡萄心想：「那葡萄一定是酸的！」。當我們在應對認知失調時，很容易強迫自己改變想法，這種精神勝利法，也可以說是一種「自我催眠」。

然而，試著強迫自己改變想法時，很容易衍生一個問題，那就是我們會更容易把問題歸咎於自己，而非他人或當下的情況。例如「因為我能力不好，所以職場運不佳，只好和A一起共事」的想法，就是將問題完全歸咎為自己能力不足，這樣的想法最終容易導致「自我厭惡」和「自我貶低」。

事實上，「A是一個很棒的同事」這件事應該要由A自己證明，我們不需要強迫自己這麼想。由於改變別人的看法很困難，改變現實狀況也很困難，所以我們才選擇改變自己的想法，但是像「因為自己無能，才導致某個情況發生」的思考脈絡，很容易讓人陷入自我貶低的惡性循環。

「自我貶低」並不是好的思考習慣。雖然可以暫時解決當下的煩惱，但持續的自我貶低會侵蝕我們的內心。尤其**如果想法調節得不順利，還可能引發各種生理症狀，例如消化不良、失眠、頭痛、胸悶等。如果狀況持續好一段時間，甚至可能演變成憂鬱症、恐慌症和強迫症等疾病。**

付出行動
才能擺脫無力

受到憂鬱症和恐慌症所苦，經常來訪診所的鄭憲，由於事業經營失敗，無法還清貸款而被銀行列為信用不良者。他找不到擁有穩定勞工保險的職業，只能從事領日薪的物流工作。時有時無的收入，加上對未來的焦慮，讓他不斷陷入煩惱。「為什麼我會犯下這種錯誤？」、「我的人生為何會這樣？」他的怨嘆似乎永遠沒有落幕的一天。

鄭憲一直試圖改變他的想法和情緒。例如努力壓抑內心的焦慮和沮喪，告訴自己「我本來就沒那個命……」，但最後卻常常陷入「即便努力也沒用，我就是蠢」的自責循環，認為自己「不管怎麼做都是徒勞無功」，也喪失採取行動的動力。

勉強自己改變想法和情緒時，很容易陷入這樣的心理狀況。其實對鄭憲而言，最要緊的並不是接受精神科治療，而是先讓自己恢復信用，解決債務問題。他需要有薪資穩定的工作，透過持續償還債務，才能使生活回歸正軌。換句話説，他必須採取「行動」，付諸努力來改變現實。

有人認為心理學是「資本主義的僕人」，因為可以透過分析人們的焦慮心理來預測經濟發展，心理學的知識也被大量應用於廣告和行銷等領域。然而，心理學傾向將問題歸咎於個人的精神面，而非努力改變結構性的問題。例如，雖然大型企業關注職員的心理健康、並設立相關單位是值得讚賞的事情，但如果沒有改善工作環境或組織文化，將問題單純歸咎於個人的精神狀態，反而是種失策。

許多人似乎都懷有一種迷思，認為心理學或精神醫學擁有神奇的力量，於是將該解決的現實問題放著不管，轉而指責自己「都是我太糟才變成這樣」，長期進行不必要的自我折磨；或者是將狀況歸咎於過往或他人，在問題癥結點之外的地方徘徊不定。在這個過程中，因為想法、情緒和行為之間越來越不協調，也越來越痛苦，最後再期待專家來幫助他們修復內心。

僅僅將力氣花在調整想法和情緒上，無法變得快樂。無論是偉大的藝術家、克服身體極限的運動選手，還是擺脫貧窮並成功的企業家，這些人很少把目光放在尚未解決的內在問題，而是積極朝向自己的目標付出行動、邁向未來。

付出行動吧！如果工作不適合自己，就做好轉職的準備；如果有人讓你感到痛苦，就果斷地切斷關係。面對讓你感到不舒服的要求，堅決向對方說「不」！不要再折磨自己、勉強自己調整想法，也別再反芻那些負面情緒。最重要的是「積極解決問題」。**想要主導自己的生活，必須先勇敢採取行動、持續前進。這才是唯一能夠改變現況，也改變未來的方法。**

空虛感沒有辦法靠他人填補

「我決定從現在開始，不再孝順媽媽了。」

五十多歲的賢恩來看診時提到，自小父親去世後，母親就將她送到親戚家，並沒有親自扶養她。即使如此，賢恩從成年後直到現在，仍然竭盡所能地孝順母親。

她自己穿著廉價衣服，卻每季都買名牌衣送母親，而且每年至少帶母親去一趟國內旅行。最近，賢恩首次向母親坦白年幼時在外公家受到虐待的經歷。然而，聽到這個故事的母親卻生氣地反問她：「那又怎麼樣？妳還想要我怎麼做？」不過是想得到母親的安慰和理解，沒想到卻獲得如此令人心寒的回應。

從那時起，賢恩再也不帶母親去旅行，也不再帶母親去醫院，僅在逢年過節時禮貌性露個臉。

「我從小就常常覺得內心很空虛。我不曉得『母親』是什麼樣的存在。別人都說，想到媽媽心裡就會感到溫暖、安心，但我從沒感受過。我曾經認為，只要我夠努力，就能擁有一位溫暖我內心的母親。我一直很難接受，原來我理想中的母親和現實中的母親完全不同。」賢恩的眼神中流露出落寞之情。

在親密關係與家庭關係中
常見的「救世主情結」

我們常誤以為自己可以改變別人。

不論是在親密關係還是家庭關係中，都經常出現「救世主情結」。在親密關係中擁有「救世主情結」的人，即使男友風流成性，也會認為自己在對方心中肯定是獨一無二，自己一定可以拯救這個人，也能讓對方心甘情願留在自己身邊。在家庭關係中，有些子女認為只要夠努力，就能讓不懂得如何愛子女的父母有所改變、成長，於是付出了大量的時間和精力。

其實，能讓花心的對象浪子回頭，或者讓自私自利的父母懂得犧牲奉獻，可說是神蹟也不為過。因為，光是要改變自己就已經夠困難了，更何況是改變他人呢？**有許多人「正在」努力改變他人，卻很少有人「已經」成功改變他人。**

通常擁有「救世主情結」的人，都對他人抱有自己期待中的表徵（representation）。以賢恩的例子而言，她對於「母親」這個存在懷抱著過於理想化的形象，也由於她不曾真正擁有過理想中的母親，因此這個形象十分模糊、籠統。

一般人會逐漸認知到，母親雖然是賦予他們生命的對象，但母親也是個凡人，有時會犯錯、有缺失和缺點，也可能與自己產生衝突，這就是現實生活中的母親。然而賢恩說，當她想到自己的母親時，忍不住會產生一種想法：「眼前的人只是戶籍上的母親，真正深愛我的母親可能身在他方。」她未曾擁有過理想中的母親，只是沉溺於自己的幻想，並為此竭心盡力。

賢恩的經歷，讓我聯想到了韓國的傳統神話故事《鉢里公主》，那是一則以「犧牲」和「拯救」為名的孝道故事。鉢里公主為了拯救狠心拋棄自己的父母，勇敢前往冥界，她在三神山遇見了武將神仙，還為武將神仙生下七名兒子，度過極其勞苦的生活後，終於獲得拯救父母的藥草，使父母死而復生。

不同於賢思，我有另一位病人，則是稱自己的生母為「姐姐」，因為這位生母在她年幼時就拋下她，她也幾乎沒有對生母的記憶，因此她只能把媽媽當作姐姐般的存在，而非自己的母親。勇敢的她，拒絕成為現代版的「鉢里公主」。

其實，沒有誰能拯救誰的人生

「救世主情結」事實上是一種扭曲的自戀情結，誤以為自己有能力改變他人，因此，當無法憑藉一己之力實現目標時，他們就會更加渴望改變他人，以此證明自己的能力與價值。但他們沒想過的是，擁有自信的人不會懷疑自己的價值與能力，所以不需要努力向世界證明自己。

擁有「救世主情結」的人常常過度犧牲自己，不管是面對愛劈腿的對象還是自私的父母，他們都願意犧牲自己來換取對方的改變。救世主情結使他們無意間將他人視作自己，以「我有能力拯救他人」的想法，來滿足自己扭曲的自戀情結。

決定停止盡孝道的賢恩後來對我說，她感覺終於掌握住自己人生的方向盤，但她也坦言，還不曉得應該駛向何處。之前總是朝向「母親」這座燈塔前進，現在她必須修正方向、前往新的目的地，因此感到有些茫然。事實上，自己的方向盤應該只朝向自己，而非他人。

如果你發現自己可能有「救世主情結」，總是忍不住干涉他人，那麼你應該意識到一件事：這代表你正在透過干涉他人，彌補自身的匱乏。當人有所匱乏時，就會激發想要填補這個空洞的欲望。如果你認為這個匱乏無法單憑自己來填補，就會過於依賴他人，但實際上，自己的匱乏唯有憑藉自己的力量才能填補，別人絕對無法辦到。你並非別人的救世主，別人也不是你的救世主。能拯救自己的人，唯有你自己。

翻遍過往的傷痛，就能找到答案嗎？

「為什麼媽媽這麼討厭我呢？」

四十多歲的秀英，每週一次固定來精神科看診，今天她也一如往常，與我分享她三十年前的傷痛過往。在秀英小時候，母親總是買有牌子的衣服給弟弟，卻只給她穿舊衣服，讓她心裡很不平衡。高中畢業後，她直接進入職場工作，弟弟卻獲得了父母的支持，一路讀到研究所，秀英也對此感到很憤怒。除了差別待遇之外，每當母親壓力很大時，便會毆打秀英來洩憤。母親既重男輕女又自私，認為兒子和女兒理當有別，對於自己的教養方式沒有任何疑慮或愧疚。

「我小時候究竟做錯了什麼，為什麼要受到這樣的對待？」這成了秀英在諮商時必定出現的話題，她總是不斷反芻這件事的成因。

「不論是婚前還是婚後，為什麼我的命運都是這副模樣？」雅蘭的丈夫不僅外遇，還會對她言語暴力；而她的公婆則會刁難她，最終使她求助於精神科。

在諮商初期，雅蘭憤怒地譴責丈夫，認為丈夫婚後立刻現出本性，也常常抱怨自己的公婆孤陋寡聞。經過一段時間，她開始意識到丈夫的品行就像她的親生父親。她的父親只要發酒瘋，就會對家人動粗。雅蘭正是因為討厭像自己父親一樣無能的男人，才選擇了現在的丈夫。然而，除了經濟能力之外，她的丈夫和她的親生父親在個性上如出一轍。在諮商過程中，雅蘭一直想從過往找出導致現在如此痛苦的原因。

停止從「過去」
尋找「現在」的答案

秀英和雅蘭都在年幼時受到了心靈創傷，這是不爭的事實。然而，兩位有如被創傷的幽靈綑綁，無法擺脫童年的傷痕，彷彿一直生活在過去，這也是不爭的事實。

「過往的創傷」，非常受到心理學家佛洛伊德所重視。佛洛伊德認為，人們可以透過潛意識瞭解許多事情，人類的言行舉止中隱藏著過往經歷的痕跡，而為了深入挖掘潛意識，必須向心理分析師說明自己的夢境。佛洛伊德也認為，只要從過去的經歷找出原因，就可以如同施展魔法咒語般，解決眼前的痛苦。「童年的創傷，導致我們在成年後依然承受著痛苦，所以我們要做的是安慰自己的『內在小孩（inner child）』。」這樣的理論也支持著佛洛伊德的主張。

然而，我在接觸了許多患者後發現，雖然佛洛伊德的觀點在嘗試分析人類心理方面具有歷史性的意義，也對無數文化產生重大影響，但是這個觀點並非現代社會的絕對真理。

首先，佛洛伊德提倡的精神分析（psychoanalysis）需要花費大量時間，然而，與投注的時間和精力相比，精神分析的效果並不顯著，因為它的目的不在於治療。此外，就算在潛意識中找到了原因，要解決也並非易事。人類不是一個簡單的有機體，而是極度複雜的存在。

因此，比起著重在潛意識分析，現代社會的心理治療更著重於診斷問題、面對現實和解決問題。對我而言，佛洛伊德雖然是位偉大的心理學家和醫師，但並不是神一般的存在。

根據佛洛伊德的觀點，我們必須先假設自己身上有問題存在，接著再回顧過去來找出錯誤。這就等同於不斷坐上時光機，回到自己最艱困的時光。

持續反芻過往，通常只會導致我們對過去深感後悔。在心理學中，這被稱為「反事實思維（counterfactual thinking）」。**沉浸在消極的過往中，會使得應該用在日常生活的精力，被龐雜的思緒消耗殆盡**。其實，很多來看診的人都非常清楚自己痛苦的原因。他們可以在我面前毫不保留坦承自己受到父母的情緒虐待、學生時期被霸凌、經濟困難導致心理狀態不穩定等。不需要進入潛意識，光是在意識層面，大部分的人都可以解釋自己當前的行為，以及與他人發生衝突的原因。

那麼，為什麼佛洛伊德還主張「必須深入探討潛意識」呢？佛洛伊德之所以提出這樣的主張，與當時他所處的時代背景有關。佛洛伊德生活的時代是第二次世界大戰前後，這深深影響了他的思維，然而卻很少人記得這件事。

當時的歐洲表面上取消了階級制度，但檯面下的階級制度仍然非常明顯，是個封建制度和現代社會制度混雜的時代。當時幾乎無法憑藉個人的努力來翻轉人生。既然無法透過努力改善眼前的困境，就只能從過往尋找原因，並將錯誤歸咎於過去。然而，現在我們多多少少可以憑藉自身努力來改變人生。

此外，在當時，人們的情緒普遍十分壓抑，兒童和青少年時期的情感需求被全盤忽視。當尊嚴不受重視，情緒、感受自然也無法獲得尊重。因此，當時的人光是接受心理治療、抒發情緒，身體的症狀就能有所改善。然而，現代社會的情況跟過去不同，人們的基本權利受到尊重，個人可以自由表達情緒，因此心理壓抑並不如當時嚴重。我們所生活的世界，與佛洛伊德所生活的世界已是截然不同。

最後一點，在佛洛伊德所處的時代，現代醫學才剛開始萌芽，無法使用精神科藥物。如果當時去尋求佛洛伊德協助的人，能夠被診斷為憂鬱症或恐慌症，並且獲得現代精神科藥物治療，他們就有很高的機率可以完全康復。但當時的情況無法做到，在沒有藥物治療的時期，醫學技術深受侷限，身為精神科醫師的佛洛伊德也只能選擇深入鑽研患者的內心世界。

比起緊抓「過去」
更重要的是迎擊「現實」

正向心理學家馬丁・賽里格曼（Martin E. P. Seligman）認為，「兒時所發生的事件，對於塑造一個人的個性有著關鍵影響」，然而，並沒有強而有力的根據支持這樣的主張。過去五十年，許多學者都在研究年幼時期的負面經歷是否對成年後的生活產生重大影響，包含兒時經歷父母離世、離婚、患病、體罰、輕視、性虐待等情況。然而，研究結果並未如預期，兒時的不幸經歷與成年後出現的憂鬱、焦慮、藥物濫用、虐待子女、酒精中毒等問題之間並沒有絕對關聯。唯一的例外是，若在十一歲之前遭逢母親去世，成年後出現憂鬱症的機率會略微增加，但也僅限於一部分的人。

那麼，為什麼我們會不斷反芻過去的傷口呢？這是因為，創傷本身擁有「敘事性」。創傷的敘事性，讓我們容易深陷於自憐自艾之中，也讓我們能理所當然將現在的痛苦歸咎於過往的創傷。

令人意外的是，深陷在過去的人比想像中來得多。**習慣自我憐憫的更大問題是，除了對過去的事件之外，面對現在正在發生的事情，也會習慣性自憐自艾，將自己視為受害者，這個世界和他人都是加害者。此外，也會深信自己無法掌握人生的主導權，因此不會努力嘗試任何突破。**

假若重男輕女的母親流淚哀求女兒、承認自己的過失，並且保證從現在開始，她會將女兒照顧得無微不至，那麼女兒的傷口會就此消失嗎？倘若無能又會對子女動粗的父親改過自新，坦承自己的錯誤，子女就能釋懷原諒，與父親重修舊好嗎？令人遺憾，答案都是「不會」。前述秀英和雅蘭的例子，即使她們的父母親真心道歉，她們仍然會繼續反芻她們的創傷，甚至不以為然：「現在才求原諒有什麼用？我的人生已經扭曲了，我仍然是過去事件的被害者」。

不斷反芻過往創傷的人們，就像在與「過去」這位敵人無意義地打太極。不僅會衍生出「自我貶低」和「自我厭惡」，還會陷入「自憐自艾」，編寫出一齣悲劇。不過，現在還不遲，請換個角度試試看吧！不斷反芻創傷並不會解決我們的人生問題，除非你能搭上時光機回到過去。換句話說，不要再與「過去」打太極，**試著對「現在」和「現實」揮拳，來場真正的戰鬥吧！不要忘記，要為你的人生負責的，不是過去、也不是別人，而是活在現實中的自己。**

在投射中持續搞砸的關係

四十多歲的朱媛，由於父親屢次外遇，所以家中氛圍總是很緊繃。於是，朱媛選擇了一位看起來不會外遇、誠實可靠的男人結婚。朱媛的丈夫是位軟體開發工程師，每天都得加班通宵工作，晉升為主管後，待在公司的時間又變得更長了。

為此，朱媛開始擔心丈夫瞞著自己外遇，時常疑神疑鬼。她必須檢查丈夫的通話記錄和簡訊，才能緩解自己的焦慮。假設某天沒有抓好時機，無法偷看丈夫的手機，那一整天她就會非常焦慮，甚至無法專心處理家務事。朱媛戴上了自己的「眼鏡」來看待這世界，認為這世上的所有男人，只要一逮到機會就會外遇，她認為丈夫的加班等同於外遇的前兆，不自覺將自己的焦慮投射（projection）在丈夫身上。

所有人都戴著自己的眼鏡，透過自己的眼鏡來看待自己、他人和世界。儘管我們看到的是同一個世界，但在某些人眼中，世界看起來是藍色的，在另外一些人眼中，世界看起來則是彩色的。大多數的人都忘了自己戴著眼鏡，將眼前看到的世界視為真實，沒有絲毫質疑。

擺脫「投射」的世界

「投射」主要來自於我們內在的焦慮和欲望。關於「將自己的欲望投射在他人身上」，讓我們來看一個在職場上常見的例子。假設朴代理對上班的同事打招呼：「金代理！大家都有星期一症候群，你卻這麼早就來上班了？」事實上，金代理覺得最近參與的專案非常有趣，心中充滿熱情，整個週末都在家裡思考這個專案，並且滿心期待星期一的會議，完全沒有厭惡的感覺。然而，因為朴代理將自己對上班的厭惡投射到金代理身上，這時金代理只好禮貌性回應：「上班族都差不多嘛！」。

允貞有一個就讀國中的兒子，兒子很愛打棒球。她為兒子的未來構築了遠大的藍圖，並且按部就班地落實。為了讓兒子進入以棒球隊聞名的高中，每逢節慶，她就會贈送昂貴的禮物給教練，平時嚴格控管兒子的時間，督促兒子的一舉一動。允貞之所以做到如此極致，是因為她相信這是所有栽培運動明星的父母本該做的。兒子雖然有資質，卻缺乏想成為頂尖運動員的野心和毅力，這點讓她很不滿意。

我曾見過允貞的兒子。他本人並沒有「成為優秀棒球選手」的抱負，單純是一個喜歡棒球、努力打棒球的青少年。即使當不了棒球選手，他也有明確的職涯規劃，例如在運動經紀公司工作。然而，允貞心中認為，兒子最渴望的是成為世界級的職業棒球選手。事實上，她只是將自己的欲望投射在兒子身上。

充滿焦慮和欲望的「投射眼鏡」，會讓人難以保持客觀，以自己的「獨特見解」來過濾他人沒什麼特別用意的言行，並且容易對不如己意的世界心生怨懟，獨自編寫劇本，使他人感到困擾。當對他人的投射變得嚴重時，就可能演變為「投射性認同（projective identification）」，下意識希望對方按照自己編寫的劇本行事，同時為自己的焦慮找到合理的理由。

總是疑心對方外遇的朱媛，她的丈夫一開始還願意理解並安撫妻子的焦慮，但隨著時間流逝，也感到越來越疲憊。某天通宵工作後，隔日有位新進女職員送給所有的組員咖啡兌換券，前一晚又被妻子質疑外遇而疲憊不堪的丈夫，感受到這位新同事的善意後露出微笑，發了一封真摯且親切的長訊息給對方，而非簡短又形式化的回覆。不知不覺中，丈夫迎合了朱媛的信念——世上所有男人都會外遇！發現那則訊息的朱媛也變得更加堅定：「看吧！男人只要逮到機會就會搞外遇，我說的沒錯嘛！」

「投射」就像一個人獨自在敲鑼打鼓，而「投射性認同」則如同自己先戴了有色鏡片看待對方，然後讓對方配合自己編寫的劇本行動。

為什麼需要努力
脫下「投射的眼鏡」？

「投射」不僅僅存在於你我之間，也存在我們生活中每個或大或小的地方。

例如觀看電影或戲劇時，我們會努力解讀編劇想傳達的訊息；在欣賞音樂或美術時，我們會去猜測創作者的意圖。所有的藝術，都是作者經過淬煉與昇華的投射，而政治或宗教，也是每個人的焦慮和欲望所打造出的投射世界。出於對死亡的恐懼，人們創造了神明；出於想獲得利益的欲望，人們組成了政治派別。

我們的人生充滿了投射，其中也不乏許多正面的影響，這些投射充實了我們的生活、淡化了我們的焦慮，讓我們的欲望得以對外展現。然而，也有像是朱媛或允貞般，為關係帶來煎熬、懷抱著強烈焦慮和欲望的投射。

焦慮和欲望越強烈，這副「投射眼鏡」的度數就越高，鏡片也越厚重。當我們戴習慣高度數的眼鏡之後，摘下眼鏡後的世界便越是模糊，越難看清事物本來的模樣。

為了能夠脫下眼鏡、清晰而透明看待這個世界，我們需要努力「正視他人」。朱媛不相信自己的丈夫是一個對家庭忠誠的人，她並未意識到從事遊戲開發的丈夫有多麼忙碌，根本沒有餘裕去注意其他女性；允貞則不願意承認，即使兒子沒能成為一位成功的職棒選手，也依然能過上幸福的人生。

將投射視為家常便飯的人，總是會省略「察覺對方內心」和「接收對方訊息」的步驟，缺乏對於掌握客觀情況和背景的努力，最終只剩下自己主觀的焦慮和欲望。

努力正視對方的第一步，就是意識到「自己正戴著投射的眼鏡」。

如果你與珍惜的人之間持續出現問題，也意識到對方正因為自己而煎熬，那麼，請試著懷疑看看吧！試著看懂自己的焦慮和欲望，是否正在破壞身邊珍貴的人事物？

落筆至此，我忽然想起了韓劇《我的大叔》最後的那句台詞：「你，抵達平安了嗎」？脫下「投射的眼鏡」後，我們將會獲得真正的平靜。

如何恰如其分地看待自己？

每當需要上台的時候，我都會非常緊張。也許是個性容易焦慮，對危機的感知也比較敏銳，我時常感受到壓力、能量也消耗得很快。只要接了演講，我就會開始擔心自己能否表現出色，站在眾人面前也使我緊繃不已。如果可以選擇，我寧願不要接演講活動，但人生在世，大概無法總是隨心所欲。過去在研究進修時，因為需要不停發表報告，每天都充滿了焦慮感。不過現在回想起來，當時的焦慮其實再正常也不過。

為什麼當時的焦慮再正常不過呢？我認為有三個主要原因。

第一，當時的我醫學知識尚未充足，所以對於上台發表不太有信心；第二，那並非學術研討會的演講，而是會受到專業人士嚴格評論的場合；第三，包括我在內，大多數與會的醫生都渴望得到「聰明又優秀」的讚譽，為此非常努力。

在聽到那些害怕演講的人談論過往經歷時，我發現大多數人都過度意識到自己正被「第三人稱」觀察的情況。優秀的他人正在放大檢視「第一人稱」──也就是自己，這種想法會使人失去自信、侷促不安。這裡提到的「第三人稱」觀察者，可能是家人、朋友、戀人或職場同事等任何人。

很多人習慣追求別人的認同，試圖讓自己迎合別人的期望，也對他人評價的客觀性深信不疑。但是，**若一輩子都迎合第三人稱的視角來生活，自己的主體性就會漸漸消失，生活的標準、意義和目標不再由自己來定義，而是交付他人主宰。**

你是否也過於看重觀察者的評價呢？試著在腦中回想一下身邊的觀察者，並試著回答下列的問題吧！

- 他們是該領域的專家嗎？
- 他們給予的評價或忠告，夠客觀、合理嗎？
- 他們是真心希望你成長才給予建議的嗎？

如果你總是不自覺以第三人稱視角看待自己，那麼你可能從未思考過這些問題，或者對於這些問題很難肯定回答「是」。如果你已經養成優先考慮他人觀感的習慣，那麼此刻的你更需要對第三人稱視角的專業性和客觀性提出質疑。

不必過度在意「第三人稱視角」

之前每當要上台發表時，我總是自動轉換到第三人稱視角。然而，現在我更努力維持在第一人稱視角。「那些來聽演講的人當中，鮮少有人比我更瞭解主題，至少在那個場合中，我是全場最專業的！」我在腦中努力複述這些想法。

相對的，我也會做足演講的準備。與其單純花時間擔心、焦慮卻不付諸行動，我努力花更多時間在事前練習。聽眾不是為了評價我，也不是為了挑我毛病而來的，即使我在演講中無法表現得無懈可擊，對我的人生也不會帶來任何損害。我會不斷如此提醒自己。

為什麼我以前總覺得自己是個能力不足的講者呢？仔細思考後，我發現原因在於我常常觀看專業講師的影片，並且認為自己應該達到同樣水準，背負了沉重的壓力。我把他們流利的演說和老練的台風設為標準，認為自己望塵莫及而感到自責。

事實上，我是一名精神科醫師兼作家，如果單從演講這領域來看，我的程度可說是個業餘的打工仔。在領悟這一點後，我決定以一名作家的心態來準備演講。對我來說，台下的聽眾當中，只要有一個人能夠有所收穫，就是大成功。這麼思考後，我逐漸脫離了第三人稱的「觀察視角」，在第一人稱「主角視角」與第二人稱「觀眾視角」中找到了安身之處。

靈活轉換視角
開拓出更大的視野

自由自在切換不同的視角吧！時而以「我」的角度，時而以「你」的角度，時而以「他」的角度來應對生活。試著以「我」的視角出發，以個人的幸福為優先；當親近的朋友感到疲憊時，站在對方的立場給予支持；涉及專業領域時，則仔細聆聽第三人的評價。

無法及時切換視角，可能會導致生活變得混亂不已。例如應該堅守自己的立場時，卻只顧慮對方的想法、過度回應他人的需求，就此虛擲時光；例如需要豎起同理的耳朵理解對方時，固執在第一人稱或第三人稱視角，只會讓對方感到難受；當他人對我們提出逆耳忠言時，選擇摀住耳朵、固守自己的立場，便會失去成長的機會。我們需要學習不過度迎合他人目光，並且保有客觀看待事物的能力。

為了練習轉換視角，首先需要能客觀看待身邊的人和各種情境。不妨試著深入分析自己以及他人的內在狀態吧！**不要盲目迎合別人的需求，而是先思考為什麼他們提出這樣的需求。如果你的行為導致了某個結果，不妨試著更靈活分析可能的原因。**此外，在社交情境和人際關係中，也別忘了用其他視角思考看看可能發生的狀況。

談到轉換視角，我們也可以從近來很火紅的戀愛實境節目略窺一二。來節目尋找對象的男女參賽者們，在有限的時間內，會體驗到包含心動、悲傷、厭惡、敵意等各種情感。在日常生活中難以體驗的多種情緒，在節目中被戲劇化呈現出來。身為觀眾雖然看得很開心，但我也曾想過，參賽者們在賽後觀看自己的影片時，會不會後悔得直跺腳呢？畢竟他們參加節目的唯一目的就是「尋求真愛」，所以很容易過度投入於關係中。例如，有些參賽者會過於沉浸在「第一人稱」視角，他們通常願意袒露自己的缺點，但就猶如在演獨角戲一般；而過於沉浸在「第二人稱」視角的參賽者，則很容易過度同理、寬待他人的錯誤。上述這兩類參賽者，都缺乏客觀看待整體狀況的第三人稱視角。不過，偶爾會出現能靈活切換視角的參賽者，他們既可以充分體察他人，也能坦誠表達自己的情感；既能夠發現他人的潛在魅力，也能積極表現對他人的好感。

當你發現自己過於耽溺於自身感受，或者過於迎合他人、害怕迎上眾人目光時，請記住「轉換視角的力量」！只要培養出自由轉換視角的能力，眼前的視野將會截然不同。

只要現在過得好，過去就會變得無關緊要

人生真的像一場戲。

從編劇、導演、剪輯、演員到音效和舞台佈置，全都由自己一人負責，是一齣獨角戲。過程中，會有人出來干擾，也會有人來幫忙修補損壞的燈具，讓表演得以順利進行。但最終，這場戲仍然必須完全仰賴自己，是自己的責任。

我們活在依據每一次選擇和行動構成的世界中，我們也是自己人生這齣獨角戲的編劇、演員和導演。

我們可能會深信自己現在的思想、狀況和經驗全都源自過去，於是順理成章地，將陷入困境的責任都歸咎於過去。但是，我們能夠保證記憶中的過去全都準確無誤嗎？

所謂的「過去」，是經過主觀詮釋和編輯的回憶。

回顧過去，就如同播放一部電影膠卷，我們會刪掉部分劇情、剪剪貼貼、在某些片段加上輕快的節奏、在另一些片段使用陰沉的配樂。就像綜藝節目的製作人一樣，既能進行魔鬼般的剪輯，也能進行天使般的剪輯。

我們看待過去的方式並不客觀，因為我們看到的回憶，會跟「看待現在的自己」是同一個角度。倘若對於眼前的自己抱持正面的想法，過去的經歷就會被裝進正面的框架中；若情況恰巧相反，過去的經歷就會被裝進負面的框架中。換句話說，當下的狀態，決定了自己如何回憶過往。

即使曾經活得很痛苦
也都是「曾經」的事

寫到這裡，我想起了仁泳。

仁泳年幼時家境不佳，父母因為經濟困難爭吵、離婚，家境的窘迫讓她時常畏畏縮縮，身邊也沒有什麼朋友。個性內向且憂鬱的仁泳在二十多歲時並不快樂，她總是獨自行動、在意他人眼光而躊躇不前。「為什麼我的個性會這樣？」、「為什麼我這麼不會處理人際關係？」、「我的人生何時變得如此混亂？」仁泳時常反芻過去的悲慘經歷，對任何事情都抱持悲觀的態度，甚至花費許多力氣描繪悲觀的未來。

然而，某天，仁泳的生活突然產生巨大的變化。之前她隨意撰寫的奇幻小說，在網路小說平台上引起轟動。從那時起，仁泳開始懷抱成為網路小說家的夢想。若能以作家的身分度日，社交能力不佳和高度焦慮的性格並不構成阻礙，可以節省與他人磨合的時間，專注於資料搜集、撰寫文章和閱讀其他作品。

仁泳以大醫院為背景撰寫的奇幻小說人氣不斷升高，現在的月收入遠遠超過了同齡朋友。三十多歲的仁泳再也不反芻過去，她燦爛地笑著說，現在她的腦袋如同一隻阿米巴原蟲般單純，甚至開心到懷疑「過得這麼快樂真的可以嗎？」的程度。她不再怨恨那段貧窮、卑微、自我折磨的時光。

事實上，折磨我們的往往不是過去發生的事件本身，而是那些事件被賦予的意義。而這個意義，是由當下的自己所決定的，仁泳的例子正好驗證了這一點。

如果能夠無憂無慮活在當下，自然會獲得所謂的「餘裕」。如同主人的倉庫變得豐實寬敞，對待僕人的態度也會變好，展現出寬容、寬恕和關懷的一面。當我們處於優勢時，對於那些曾經傷害自己的人，就不再需要磨刀霍霍想著報復，甚至根本也不好奇對方的近況了。因為遊戲已經宣告結束，在這場比賽中，你以「勝利」劃下了句點。

只要現在過得好，就能以積極的態度理解並美化過去，將曾經造成的傷害，轉化為「奮發向前」的動機。過去是造就今日自己更加出色的功臣，看看那些克服往日困境而大有所為的企業家，他們的成功故事中難免有著一些困窘、令人遺憾的過往，就像當年畏畏縮縮的仁泳一樣，正因為每當難受時就會躲進「奇幻小說」這個避難所，她才得以打下「作家」的基礎。現在的她，已經可以笑談回憶了。

仁泳曾經非常討厭自己的內向，甚至連讀者見面會都不敢露臉，考慮請朋友代替出席。然而，如今她再也不為此困擾了。她可以不受外界和他人打擾，一天專心寫作十個小時以上，以作家這個職業而言，內向的個性反而帶來很大的幫助。對仁泳來說，過去不再是需要隱藏的瑕疵，也不再是造成生活困擾的障礙。

只要現在過得好，就可以改變自我認知的限制，激勵自己更加努力，進而產生更好的結果，而這樣的結果，又會再強化另一個正面的認知，不斷形成良好的循環。當這個循環足夠堅固，即使在某些方面失敗了，也可以獲得再次站起來的復原力。

最近仁泳即便收到惡意評論也不太在意了。在寫作初期，只要出現一條惡評，她便會心跳加速、大受打擊，為了自己是否該繼續寫下去而徹夜煩惱。如今，即使看到惡評，她也能爽快認為「只是這篇文章不合那位讀者的胃口罷了」，不再為此折磨自己。

「當下」的電影膠卷
仍然持續增加中

再說說柳京的例子吧！柳京年幼時曾受到母親虐待，在母親離世前幾天，突然為自己過去的行為向女兒道歉。然而，這份道歉沒有觸動柳京的心，她心中的芥蒂並未就此解開。

「現在才道歉有什麼意義？只是為了讓自己死得心安理得嗎？」她為此心生反感。對於其他人而言，失去母親就如同失去全世界般悲痛，但她完全無法想像那是什麼樣的感覺。朋友前來弔唁時，抱著柳京哭了，並詢問柳京內心會不會很難受，然而，最讓柳京感到悲哀的，其實是她發現自己對母親的逝世，竟然沒有感受到任何悲傷。

「為什麼我的媽媽壓力大就打我？」、「我到底做錯了什麼，她要這樣對我惡言相向？」二十多歲時的柳京不斷反芻過去，並且誤以為「唯有成為一個乖女兒，才能擁有幸福的家庭」。她反覆沉浸在自己的負面情緒和童年時期的痛苦經歷中，不斷深入挖掘過去，如此無止盡循環著。

然而，柳京也提到，當她進入職場後，不僅在工作上獲得肯定，也遇到了溫柔又成熟的伴侶，後來育有一個女兒。在這過程中，她擺脫了過去的噩夢。在養育女兒的過程中，她逐漸意識到，會虐待如此珍貴生命的人並不正常。

柳京不再試圖理解母親，也放棄期待母親有所改變，於是自然而然擺脫了曾經糾纏著她的過去。她和丈夫一起努力工作，買下了更大坪數的公寓，也努力照顧女兒，全力以赴過好自己的生活。她表示，當她努力過好自己的生活之後，那些由母親創造出的艱難過往，就徹底被扔到人生的藩籬之外了。

柳京積極與現實生活正面對決，克服了沉溺於過往回憶的習慣。從柳京身上我們看見，當下的生活可以讓過往的痛苦變得微不足道，而守護在自己身邊的「有意義的他人」，也能夠覆蓋掉過去的加害人。

我的過往，是由「我的現在」來詮釋的。

成功建立王朝者，會成為開國功臣；失敗者，則淪為被殲滅的叛國賊。能夠被後世牢記的，往往是戰勝困境並存活下來的人。個人的生活也是如此，試著全力以赴活在當下吧！過去那些早已無法掌控的事，對此刻的生活毫無幫助，我們應該將所有的精力集中在可以掌控的現在。

「人生是一部持續拍攝中的電影，但是，既無法倒帶，也無法進行剪輯。」這是開創「意義療法」的精神科醫師維克多・弗蘭克（Viktor E. Frankl）的名言。即便是此時此刻，屬於我的電影膠卷也在持續累積、增加中。這就是我們必須付出最大努力活在當下的原因。

第 2 章

二

找回建構強大內心的潛在力量

在獨立思考與判斷中
重啟人生的主控權

有些放棄比挑戰更耀眼

A連續七次公職考試落榜；B投資比特幣賠了一大筆錢，卻又不斷投入資金；C已經當朋友的情緒垃圾桶第10年；D一直原諒不斷外遇的配偶。對於在診間傾訴煩惱的他們，我是這樣回應的——請A放棄公職考試，另謀他職；請B放下賺回損失金額的想法；請C與那個朋友斷絕聯繫；至於D，我建議離婚。

其實，我不僅在診間，也常常看到身旁許多人因為無法果斷放棄、繼續過著痛苦的生活。A和B無法放下他們的期待與執著；C和D則無法放下讓自己煎熬的人際關係。對於不再具有意義的事情遲遲無法放棄的人，通常是因為缺乏自信或害怕關係改變帶來的動盪。對於「絕不放棄」的執著，使他們不斷重蹈覆轍，反覆陷入不幸。

或許，「放棄」聽來既輕率又簡單，但我所提倡的放棄，並不是輕鬆的逃避，而是代表著「勇敢的參與」和「全新的挑戰」。我所提倡的放棄，是在放棄一件事情的同時，也要準備好另一條出路，屬於「積極主動的放棄」而非「被動的放棄」；是「主導選擇」而非「被動決定」。

這當中最重要的是積極主動的心態。然而，自信心不足或容易焦慮的人，往往對於我說的「必須找回人生主控權」這句話難以取得共鳴。

無意義的放棄
有意義的放棄

來診所諮商的秀雅，年紀落在二十歲中後，她深陷在社會新鮮人的困境中，煩惱著「不知道未來要做什麼」。很會念書的她，畢業於一所知名的大學，接著也找到一份還算不錯的工作，現在卻正在考慮辭職。

她告訴我，她其實對自己的本科系並不感興趣，所以選了一份與本科無關的工作，但她也不確定自己是否真的喜歡現在這份工作。當我進一步詢問她想離職的原因，是因為職場氛圍、待遇，還是工作本身時，她回答得有些含糊，其中也混雜著許多想法。但可以知道的是，秀雅抱持著一股決心，想要成為別人眼中的事業女強人。

秀雅的家境富裕，父母也很熱衷於子女的教育，因此她從小就接受了各種才藝補習和升學輔導。她學習過大提琴、鋼琴、滑雪、騎馬，但從未堅持學好其中任何一項，總是在遭遇挫敗後舉雙手投降。

她也坦言自己的缺點就是「太容易放棄」。

從小習慣超前學習以及接受私人家教的秀雅，因為不懂得如何自主學習，在大學時很難跟上學校的課程和作業。一直以來想要什麼都能輕易得到的她，在面對自己的不足時，反而不知道該如何等待與忍耐，於是一再放棄。

然而，這種放棄屬於「無意義的放棄」，因為留下的只有挫敗和自責。若想讓「被動式放棄」轉為「積極主動的放棄」，放棄的對象必須是「自己主動選擇的事物」才行。

無論是學習大提琴還是騎馬，對秀雅而言，都不是出自她的渴望。因此，在學習過程中她無法獲得成就感和滿足感，當出現困難時，她也無法產生努力克服的決心，只要事情開始變難，就會立刻放棄，甚至不會感到遺憾。

這些別人替她做的決定，不管是開始、過程還是結束，她都只是聽從安排，所以即使放棄，自然也沒有任何激烈的苦惱或掙扎。因此，即便嘗試了許多事情，卻沒有一項能夠內化為自己的果實。年近三十歲的她，現在仍然不知道自己喜歡什麼、討厭什麼、擅長或不擅長什麼。

什麼才是「有意義的放棄」？

讓我們回想一下在音樂、藝術、運動方面的知名人士，他們龐大的練習量超越一般人的想像，例如韓國著名的芭蕾舞演員姜秀珍，她每天的練習時數高達十八個小時。這些頂尖人士連一天都不曾休息，嚴格掌控飲食、睡眠等生活作息。

然而，在艱苦的練習過程中，有的人因為小失誤而傷到手指，不得不放下如同生命般重要的樂器；有的人因為腳踝受傷而不得不脫下芭蕾舞鞋。一旦發生這種事，也只能放棄曾經苦心投入的一切。放棄曾經埋頭爭取的事物並不容易，為了擺脫絕望感，他們往往也會奮力尋找其他出路。

他們的放棄與秀雅的放棄在本質上截然不同。秀雅完全不知道自己要的是什麼，但這些人對自己有深刻的瞭解。他們知道自己擅長什麼、渴望什麼，以及對什麼感到挫折。當他們實現自己設定的目標時，會獲得非常強烈的滿足感，同時也明白失去寶貴事物的悲痛。這樣的放棄，是具有意義的放棄。他們透過自己的選擇、經歷和放棄獲得了成長。只要能夠克服最初的絕望感，他們的下一階段也會很順利。試想一下，擁有每天練習十八個小時的毅力，這樣的人不管做什麼肯定都會成功吧？

「放棄」，不是從此過著蘆葦般隨風搖擺的生活，而是必須作為自己生命的船長，由自己決定升帆還是降帆？是否願意乘風破浪？這個世界無法按照我們的意願來發展，但至少在現有的選擇中，我們可以決定走上哪條路、放棄哪條路。

請記住一點：**若想放棄得有意義，一開始就必須做出有意義的選擇。如果放棄了對自己而言毫無意義的事情，並不會從中得到收穫，只會產生「自己很無能、毫無毅力」的認知罷了。**你是個經常放棄的人嗎？如果是，那麼請重新檢視一開始的選擇。若希望自己的放棄有意義和價值，一開始的選擇就必須有意義和價值。

從現在開始，請別再隨便選擇、隨意放棄了！**無論是做出選擇、經歷過程、決定放棄，都應該由自己積極主導。每一個不簡單的選擇，都將為自己的人生留下有意義的經驗和洞察。**

選擇價值，比選擇方便更有意義

得知父親的生命只剩下短短一年六個月的那天，我感到晴天霹靂。主治醫師建議我們，在接受抗癌治療的過程中，可以趁父親體力還行的時候，多累積一家人團聚的回憶。聽見這些建言的當下，我的內心完全崩潰了。

小時候即便經濟拮据，父親依然慷慨地買給我想要的玩具和書籍；兒時的我發展得比較遲緩、身體不太健康，是父親帶著我頻繁出入大醫院就診……我能夠想像沒有父親存在的世界嗎？自從聽到醫師宣告的那天起，我心裡非常清楚應該在剩餘的時間裡有所付出。我想起父親過去是如何照顧我，如今我也應該照樣回報他。

然而，我卻沒能辦到。

由於我在經營個人診所，所以每當父親要接受抗癌治療時，都是其他兄弟姐妹請假去照顧。在某些假日，我規劃好和兒子一起去旅行，雖然想帶父親一起去，但又擔心他體力不足，最後仍然沒有提出邀約；有些週末，我找藉口說要寫演講稿，其實是感到疲倦而沒有去探望父親。

回首過往，我經常想著「明天再說，明天再關心爸爸就好了吧！」但當我有演講或者無法推辭的外部行程時，卻能夠毫不猶豫提前結束看診時間。為什麼我會為了自己的「方便」，捨棄該陪伴父親的時間呢？

在父親去世後，我們兄弟姐妹會聚在一起，共同分享父親生前的回憶。相較於我們經常做出對自己比較「方便」的選擇，我的父親總是為了「價值」而選擇。「早知道就花更多時間陪伴父親了……」「應該給爸爸更多珍貴又有價值的時光……」為此我後悔了很長一段時間。

如何做出「有價值」的選擇

我們在做選擇時的依據不盡相同，有些人以「價值」為主，有些人以「方便」為主。選擇「價值」的人心裡很清楚，即使當下感到艱難辛苦，但付出的時間和努力都是有意義的；選擇「方便」的人則傾向追求眼前的利益。

當時，我選擇去演講而不是陪伴父親；在感到疲倦時，我沒有選擇照顧父親，而是選擇了「安逸」，也就是「方便」。我自認為這個決定是基於「現實」，但假設當時我選擇和父親共度時光，是否更能獲得長久留存的心靈遺產呢？

就像這樣，為了「方便」所做出的選擇，雖然在當下感到愉快舒適，但最終可能導致後悔。相反的，為了「價值」所做出的選擇，雖然當下感到辛苦，卻能夠留下引以為傲的成就感。「成就感」不僅可以幫助我們做出有價值的選擇，也會影響我們的自尊心。

能讓我們感覺到成就感的情況，大致可分為以下兩種：

第一，為了自身的成長而付出努力，並且親身體驗到成長。例如透過學習寫程式，發現自己未曾意識到的天賦，接著努力成為一名程式設計師，也提高了自己的身價，這時就會產生成就感；精打細算存錢，一路從18坪公寓搬到23坪、甚至33坪的公寓時，也會產生成就感；當YouTuber的頻道訂閱數和觀看次數增加時，也會對付出的努力產生成就感。以我而言，當我陸續出版第一本書、第二本書時，也感受到了作家身分帶來的成就感。

第二，超越自我，開始尋求自己對世界的意義。這可以解釋為「利他主義」。如果一個人非常關注流浪狗的議題，他可能參加流浪狗救助活動，或者在流浪狗庇護所擔任志工，從中得到成就感；有些人將辛苦留長的長髮捐贈給癌症患者，也因此產生成就感；有些人則透過抵制不良企業的商品、為社會問題發聲，從這類行動中感受到成就感。

我有一名患者提到，雖然他發起的「廢止青少年犯罪減刑」請願，並未超過連署門檻二十萬人，但他仍然很有成就感；有些父母在清晨時分就到魚市做買賣，含辛茹苦養育子女長大，從中獲得成就感；有些作家收到讀者回饋「閱讀之後獲益良多」，因此產生成就感。不僅如此，利他主義會延伸出「分享的美學」，使人自發性地將自己擁有的東西提供給世界。

選擇「價值」的同時
也在培養內在韌性

時常選擇「方便」的人，表面上看起來可能更加成功。

當我的父親被診斷出胃癌第四期，持續接受手術和抗癌治療、在生死邊緣掙扎的同時，我正努力撰寫第二本和第三本書，以作家身分累積作品。乍看之下，我可能是位成功人士，然而，當父親去世後，我意識到在重要抉擇上選擇「方便」必然帶來後悔。倘若有時光機可以帶我回到父親還活著的時刻，我會毫不猶豫選擇「價值」。

不知道你身邊是否也有這樣的人，時常抱怨自己的命運坎坷。靜靜觀察這些人的生活便會發現，他們並非命運坎坷，而是反覆在重要的時刻選擇了「方便」，才導致現在的局面。

五十多歲的瑛淑經常抱怨女兒們不看重自己，她與第一任丈夫離婚後，將女兒送到鄉下的娘家，自己獨自到都市生活，後來又再婚，和第二任丈夫生了一個女兒，過了幾年後，夫妻間的衝突加劇，最終再次以離婚收場。這次，瑛淑依然無法承擔養育孩子的責任。

瑛淑的兩個女兒都知道對方的存在，但彼此完全不熟悉，而且瑛淑沒有參與女兒們的成長歷程，因此與女兒們的關係也很生疏冷淡。在孩子長大成人的關鍵時刻，瑛淑選擇了「方便」而非「價值」。這樣的結果，導致她在染上新冠病毒、接受隔離時，兩個女兒連一聲問候也沒有，這讓她非常難過。如果可以回到過去，瑛淑是否會做出不同的選擇？

有些選擇在當下雖然能感受到樂趣和愉悅，之後卻很可能演變

為指向自己的刀刃。吸毒和酒駕就是典型的例子。據說人類每天要做大約三萬五千次選擇，假設睡眠時間是七小時，這代表每小時要做大約兩千次決定，也就是每兩秒鐘就得做一次選擇。這些選擇當中，只有大約一百五十次的選擇是有意義的，而其中可以稱為「好選擇」的次數卻不到五次。從重大的選擇到微小的選擇、從出生到死亡為止，人類必須不斷做出決策，藉由這些選擇，逐漸塑造出現在的自己。

我們每時每刻都需要評估「價值」和「方便」。如果兩個選項的結果差距不大，可以毫不猶豫隨意選擇其中一項。然而，如果像是「零和賽局（zero-sum）」一樣，只能從「價值」或「方便」中擇一，那麼，請選擇「價值」吧！也許選擇「方便」的結果光鮮亮麗又立竿見影，但是選擇「價值」的人，才能培養出更為可貴的內在韌性。

若能重新與父親相逢，那麼我一定會做出最有價值、最不留遺憾的選擇。

你的壓力取決於你如何思考

你可能會發現某些人不太容易產生壓力，儘管面臨艱難的情況，依然輕鬆以對，甚至坦然表示：「我沒什麼壓力」。究竟為什麼有些人因壓力受盡煎熬，有些人卻可以保持內心平和、不受壓力困擾呢？

心理學家理查・拉札勒斯（Richard Lazarus）因提出壓力理論而聞名，他提到「每個事件引起的情緒反應，來自於對事件的認知與詮釋。」由於每個人對壓力的詮釋不同，因此呈現出來的壓力程度也不盡相同。

根據拉札勒斯的理論，當一個事件發生時，首先應該思考該事件是否符合自己的目標。如果符合，就會產生正面情緒；如果不符合，則會產生負面情緒。舉例來說，當你走夜路時，若發現一個陌生男人跟在你後面，會產生不安的情緒；相反地，如果在黑夜裡迎接你的是擔心自己的父親，就會產生安全感。

再者，我們面對事件時的應對能力更是重要。如果眼前的陌生人疑似是個強匪，我們就會開始轉動腦袋、思考一系列的問題：我能逃跑嗎？我是否有能力跟他正面對決？要不要交出錢包？要先跑到附近的便利商店報警嗎？

在思考過程中，我們會評估自己的危機處理能力。假設經過評估後認為自己無法處理，壓力指數就會上升；認為自己足以應對，壓力就不會太大。換句話說，人們對壓力的詮釋是正面還是負面，取決於每個人的認知評估差異。

不容易感受到壓力的人，通常擁有「正面詮釋壓力」的卓越能力。此外，他們也很會分辨「可控」和「不可控」的領域。面對無法控制的情況，他們會乾脆地放下一切、不花費多餘力氣。這就是無壓力生活的祕訣。

反之，容易受到壓力所苦的人們，在遇到困難時，通常會過度責怪自己，把一切成因歸咎於自己，陷入自責。自我反省並非壞事，因為這有助於塑造更好的未來，但不應該無止盡延伸下去，例如從「我睡過頭、遲到了」開始，最後延伸成「我就是個懶惰又散漫的人，連準時上班都做不好⋯⋯」。

無限延伸想法的終點，通常會得出「我的自控力低，是無用之人」的結論。這樣的心態會導致無力感，認為自己無力掌舵人生，處境如同蘆葦在風中搖擺無所依靠。如果對於自己的人生缺乏主人意識，用僕人的心態，將自己的命運交給他人，思維也會變得僵化，想法只朝固定一個方向發展。如果不斷重複這種思維模式，自然很難產生動力追求更美好的未來。

大幅減輕壓力的
五種靈活思路

壓力很可能源自思考，以下五種靈活的轉念方式，將有助於大幅減輕壓力。

第一，人是多面向的存在，而非單一面向的存在。

不要對自己妄下「我就是懶惰」這類的定論。相反的，可以轉念為：「雖然我在做家事方面有點懶惰，但面對工作，我是一個很勤奮的人。此外，我很會關懷他人，在某些方面也滿仔細謹慎的」。

第二，針對「行為特徵」，而非「性格特徵」。

不要說「我的個性很懶惰」，可以轉念為「我這個人偶爾會懈怠一下」。在指出他人的錯誤時，尤其需要具備這種心態。與其認定「他根本不懂得怎麼寫好報告，一定是頭腦不好啦！」不如這麼想：「這份報告書分析得不夠精細，提供的資訊不夠充足，需要再調整」。

第三、採取「相對」，而非「絕對」的思考方式。

不要認為自己「從本質上就是個懶惰的人」，試著這樣想：「我是個平凡人，只是跟其他人相較起來，偶爾有點懶惰罷了」，我們都只是人群中的一份子。

第四，避免「道德批判」，做出客觀的「非道德批判」。

「我很懶惰，我是個連自己都管理不好的人！」不要這樣批判自己。「我只是不太重視家務事，沒有額外付出努力，處理家務事的速度比較慢罷了。」試著改用這樣的方式客觀評斷自己吧！觀察事情的本質，不要在其中加入偏頗的判斷和解釋。

第五，嘗試「有彈性」，而非「固定不變」的思考模式。
「我天生懶惰，不可能改變了」，請拋棄這種想法吧！試著轉念為「只要情況需要，我隨時可以變得更勤奮和努力」。別忘了，不僅自己會改變，人生的狀況也會不斷產生變化。所以，請放下「命運是天生的，無法靠個人力量轉變」的想法！

當我們遇到不好的事情、產生負面情緒時，應該採取「多面向、行動導向、相對性、非道德性、有彈性」的思維模式。這樣我們才能在當下的生活中付出必要的努力，積極掌握現況。當下的「選擇」和「負責」會決定我們的未來。倘若認定自己天性懶惰、難以改變，因此不付出任何努力，只是隨遇而安，那麼，嶄新的未來也絕對不會來臨。

當我們在生活中喪失了內在的控制力時，就會像希臘神話中受到眾神懲罰的薛西弗斯一樣，只是日復一日把巨石推上山頂，然後又讓它滾落下來。如果像這樣生活，我們就會淪為客體而非主體，喪失前進的目標，度過淪為「工具」的人生。在現今的西方文化中，「薛西弗斯式的巨石」也被用來形容「永無盡頭、得做一輩子的工作」。

不過，法國小說家阿爾貝・卡繆重新詮釋了這個神話。他在自己的著作《薛西弗斯的神話》中，將推巨石上山的生活視為這個世界上無可奈何的「荒謬」，而凡人薛西弗斯則企圖對抗這種荒謬。

卡繆認為，儘管在生活中擔負著險峻又不公平的現實重擔，人類依然可以做出選擇。在他的著作中，薛西弗斯蔑視眾神，因為他們使他重複做無意義的工作、度過失去目標的生活、精神和肉體上都達到了極限。但是，即便如此，薛西弗斯也能夠充分享受下山尋找墜落巨石的時光，並將那段時間轉化為徹底休息、反思、省察的時光。

薛西弗斯選擇抗拒痛苦的生活和荒謬的命運、選擇保持清醒。他反抗命運、掐住命運的脖子，並嘗試引領命運。至少在那一刻，他獲得了真正的自由。

選擇如何詮釋痛苦和不幸，是每個人自己的責任。在痛苦的生活中，當我們選擇賦予生活正面意義時，就可以找回對生活的掌控權。透過「選擇」和「負責」左右自己的人生吧！要當生活的奴隸，還是要當生活的主人？這全然取決於我們自己。

重點是「我」不是「我們」

「我該如何改變內向的性格？」

經常有人詢問我這樣的問題。這時，我會瞪大眼睛反問他們：

「為什麼需要改變性格？」

許多人認為，內向性格不利於社會生活和人際關係。根據現代社會的特徵，外向性格在許多方面的確更有優勢，但並非對於每個職業都是如此。因此，**如果遇到年紀大約二十歲出頭的年輕人，我會建議他們「與其努力改變自己的性格，不如尋找一個符合自己性格的職業」**。順帶一提，找一個「不需頻繁與人打交道、可以專心與『事物』互動」的職業，通常是內向人變得快樂的捷徑。

我自己在二十多歲時，也曾經不斷嘗試改變內向的性格。就算是我不想參加的聚會，我也硬著頭皮去參加，並努力融入大家的話題。然而，這一切的努力都像穿上不合身的衣服一樣難受。每次聚會結束，我總覺得全身的力氣都被抽乾了，不管再怎麼努力，我在人際關係方面的能力永遠都比不上外向的人。我努力了好幾年，過著違背自己本性的生活，最終還是失敗了。我的性格天生就極端內向，後天的努力無法扭轉先天的本質。

當我為了「重生」為一個外向的人所付出的努力全都化為泡影之後，我決定重整自己的環境。我不再建立毫無意義的人際關係，在各種聚餐露臉的頻率，我也只做到不被別人說難聽話的程度，現在甚至幾乎不參加任何沒意義的聚會。我拿那些無意義社交的時間來閱讀、看電影、聽音樂、運動和寫作，享受專屬自己的時光並且好好充電。收到各方的演講邀約時，我只會挑選我認為必要的講座過去，所以多數受邀的訪談，我都改以書面方式處理。

年過四十的我，現在終於意識到：正因為我是個極端的個人主義者，與韓國社會的集體主義形成強烈對比，先前才會碰上許多問題，與我的內向性格毫無相關。我不喜歡參與組織性的聚會或俱樂部活動，大部分時間都是獨自玩耍、獨自生活。在生活中做選擇時，我從未優先考量過家庭、親戚、同學或宗教的立場，也從未以任何一個政治組織、營利組織為導向來做決定。我是個徹底的個人主義者。

在我的認知裡，完全不存在韓國常見的集體意識，例如「我們難道是別人嗎？我們就像一家人啊！」、「重點是團結在一起！」、「胳膊應該往內彎」等標語。我從未為了組織而犧牲個人，也不喜歡有些人把宗教，或者政治黨派，視為自己的生活全貌。

此外，如果宗教的教義不符合我的道德價值觀，我也會乾脆地割捨。對於同性戀或安樂死這類敏感議題，每當產生疑慮，我就去查論文、翻閱書籍並深入研究，直到形成自己的信念為止，不盲從宗教的公認教義。我不在意政治人物的政治立場，選舉時，我會徹底審視候選人，純粹以其個人言行來投票。過去在醫院工作時曾經遇過很不合理的事情，當時我高聲要求召開紀律委員會，最終相關當事人有的被解僱，有的則受到減薪三個月的懲處。

總而言之，儘管被貼上「內向」的標籤，但事實上是因為我是個根深蒂固的「個人主義者」，難免與韓國的集體主義文化有所衝突。過去我一直誤以為這些衝突來自於我的內向，於是不斷嘗試改變自己的性格特質。然而，在大徹大悟之後，我產生了巨大的變化。

現在的我依循著天生的傾向，以個人主義者的方式來生活，儘管我依舊內向，卻絲毫不成問題。**內向性格的解藥並不在於將自己塑造為外向性格，而是依循自己的本質，將集體主義的價值觀，轉變為個人主義的價值觀。**

內向的性格
也能過得自在愉悅

洪敏在擔任教會工作人員的過程中變得很焦慮，因此到我的診所尋求協助。極度內向的他，就連參與簡單的聖經研讀小組都感到萬分辛苦，但他一直認為這是能透過信仰克服的事。然而，正式擔任該項職務後，由於與他人的關係變得更密切，需要出面處理的事情也增多了，使得洪敏的恐懼感更加強烈，甚至必須服用抗焦慮藥物，才能應對教會的工作。

我向洪敏分享了自己的歷程。在聚會或團體活動中，不需要強迫自己展現善於社交的一面。我也告訴他，他只是不適合群體生活罷了。現在，洪敏在聖經研讀小組中不再強迫自己發言，轉而專注於傾聽他人的故事。他也向教會表示，由於個性因素，該職務對他而言過於勉強，決定婉拒繼續任職。

「我早該這麼做了！」他笑著告訴我。雖然他曾經努力了好幾年，希望讓自己的個性變得更外向，但最終像我一樣失敗了。現在，他終於能正面看待自己的內向，選擇用個人主義者的心態來生活，過得滿足又幸福。

當然，並非所有內向的人都是個人主義者。

我的另一個患者英恩就是很好的例子。英恩雖然在人際關係應對上稍微笨拙，但她依舊不斷追求人與人之間的連結感。換言之，她既是內向者，也是集體主義者，雖然常因為難以融入組織而焦慮、產生「我好無能」的想法，無法享受全然的自由，但仍渴望社會和組織的歸屬感和肯定。

內向和外向是與生俱來的特質，難以改變。然而，個人主義和集體主義的傾向，大多是在成長過程中受到社會和文化的後天影響而形成，因此是可以調整的。

我想告訴內向的人們：朝「個人主義」的方向生活吧！將重心放在「我」，而不是「我們」。隨著時間的推移，你將更加瞭解自己。自己是否喜歡與他人相處？喜歡什麼樣的人、討厭哪一類的人？為什麼喜歡這個、不喜歡那個？**在生活中，不要總是思考組織和社會對自己的期待，而是要思考組織和社會對你來說具有何種價值和意義。**

「成為個人主義者」是一個過程，需要持續雕刻和打磨隱藏在岩石裡的自己。當然，在雕刻的過程中，你不能把鑿子和錘子交到別人的手中。

內向的人若能以個人主義者的方式來生活，可以說是一種天賜的幸運。因為他們可以在不受任何人干擾的情況下，建立屬於自己的空間、時間和價值觀。讓我們努力從岩石中鑿出一座屬於自己的雕像吧！在多元且交錯的價值觀中，個人主義者能夠盡情發揮的美好世界必定會來臨，我對此堅信不移。

別用「無可奈何」詮釋自己的人生

「我的工作不適合我，與同事相處得也不融洽，但我不得不繼續工作。」

「因為丈夫，我承受了很大的壓力而得了憂鬱症，但我無法離婚。畢竟要為孩子著想，我也無可奈何。」

有些人會把「我也無可奈何」這句話掛在嘴邊。當然，人生中確實有些情況無能為力，但懂得分辨「能夠掌握」和「不能掌握」的部分，也是一種人生智慧。不少人常常叨念著「我什麼都改變不了」、「事情就是很不順利」，不相信自己有能力控制局面。

另一些人則持相反的觀點。他們不會認為「我也無可奈何」，而是相信生活的掌控權在自己手中。這些人常說的話是：

「遇到困難也沒關係，我不會被打敗。」
「即使有人對我潑冷水，我也不會放在心上。」

這些話也可以用下面這句話來替代：

「我非常努力在實現我想要的生活。」

三十多歲的賢尚，認為自己無論何時都掌握著人生的主控權，並深信不疑。賢尚的童年過得非常坎坷，父親終日酗酒，母親成天感嘆身世、拿孩子們出氣。他無法理解為什麼父母親討厭彼此卻不分開。

等到高中一畢業，賢尚立刻搬離家中，住進了公司宿舍，擔任輪班制的生產線工人。父母對他說：「我們養你長大，現在輪到你每個月給我們孝親費了」，但他並不理會這個要求，拚命存錢念大學。父母罵他是自私的孩子，他也對此充耳不聞。

賢尚總是吃便利商店的食物當中餐，即使內心流著淚，也沒有放棄過他的決心——找到鐵飯碗工作。最後他通過了公務員考試，過著渴望的「平凡生活」。

除了必須與父母待在一起的童年時期，賢尚從未説出「我也無可奈何」這句話。他認為自己的人生是屬於自己的，應該要由自己來創造。這種「我是自己人生的主人」的意志，究竟是如何培養出來的呢？

你對現在的生活
有多少掌控度？

讓我們看看下一頁的表格。事實上，我們對於每天發生的事採取的意志和行動，都能夠被分類到表格中的四個範疇之一，其中橫軸表示意志，縱軸表示行動。

意志 行動	想做	不想做
去做	① • 我想讀研究所，於是付出努力去讀了研究所。 • 我的夢想是擁有一棟房子，千辛萬苦終於買下了房子。	② • 我很想離開現在的職場，但因為沒有對策，只好繼續在這裡上班。 • 我想要結束掉現在的婚姻，但為了孩子們，只好繼續一起生活。
不做	③ • 我很想去留學，但因為家境問題而無法去。 • 我大學很想讀美術系，但因為父母反對而放棄。	④ • 我很想離開現在的職場，於是我離職了。 • 我不想再跟那些自私自利的朋友相處，於是切斷了與他們的聯繫。

我們的生活正是由上述①、②、③、④種情況所構成，以下面這個狀況為例：早上六點三十分，我設定的鬧鐘響了。勉強睜開惺忪的雙眼，強迫自己從床上起來，一天就這樣開始了。我迅速沖個澡、隨便吹吹頭髮，在臉上抹了BB霜，化妝完畢。接著烤片吐司，抹上果醬，早餐就這樣完成了。對了，再怎麼忙也要喝杯咖啡，於是我磨了豆子，沖了一杯咖啡。通常為了

在上班途中學英文，我會戴上耳機聽英文課，但今天不知怎麼了，沒有心情學英文，於是我通勤時只聽了音樂。

這段看似是平凡的早晨例行公事，但仔細剖析就會發現表格中①、②、③、④的情況都包含在其中：

①我喜歡吃吐司配手沖咖啡當早餐，花了點時間好好享用（想做＋去做）。
②早起上班是種折磨，但也無可奈何，只好起床了（不想做＋去做）。
③雖然想更認真化妝和整理頭髮，但時間不夠沒辦法（想做＋不做）。
④我不想讀英文，所以就沒有讀英文了（不想做＋不做）。

其中①和④的情況不會構成問題，因為兩者都是依據自己的意志決定行動或不行動。我們只要在生活中持續增加①和④的部分，就能提高自己對生活的掌控力。

問題在於②和③。包含「勉強去做自己不想做的事情」，以及「不能做自己想做的事情」。如果這兩類狀況增加，對生活的掌控度就會減少。試想一下，當這兩類狀況佔據我們生活的大部分，不就像是過著奴僕般聽人使喚的生活嗎？

①和④屬於積極主動的狀況，②和③則屬於消極被動的狀態，而且和③相比，②（不想做但仍勉強去做）其實更令人難以忍受。例如，勉強在不適合且薪水低的公司工作，或是順從、忍受無禮婆家的壓迫，或者因為害怕被排擠而勉強和團體其他成員打交道等，這些都屬於②的範圍。

跟②相比，③（想做但沒有去做）的問題不大，因為③屬於我們潛在的可能性和欲望，雖然目前呈現「放棄」和「無能為力」的狀態，但未來仍然有機會執行，或者轉化為較能執行的方式，也就是有機會從消極轉為積極。例如，即使大學畢業後無法立刻出國留學，也可以先累積社會經驗後再出國留學；即使不能就讀藝術大學，也可以把繪畫當作興趣來實踐。

在你的人生中，哪邊的比例最多呢？假如①、④比②、③更多，那再好不過，代表你積極主動面對生活；假設相較於其他部分，符合②的項目多上許多，那麼不妨試著一步步減少這些項目。

要特別提醒的是，②並非單純指「不想做的事情」，而是指「持續做自己不願意做的事情」或者「在不提出自己意見的情況下，盲目遵從他人主張」的狀況。例如「討厭讀書，但為了升學而必須勉強讀書」這點，乍看之下符合②的情況，但這是為了考上自己的志願科系，是自己主動做出的選擇，所以並不屬於②的範圍。

生活中落在②的狀況減少時，其他部分就會自動拓寬，這就像是一場獨自進行的零和遊戲。因此，**不要輕易用「無可奈何」來回應自己的人生。儘管不能掌控一切人事物，但希望我們至少不要放棄自己人生的主控權。**

擁有價值觀與原則才能使人自由

惠珍非常容易操心。每當有事情發生時，她除了擔心已經發生的事之外，連尚未發生的事也會一併擔憂，可說是個「擔心高手」。從枝微末節的芝麻小事到重大要事，她習慣不停在腦中編寫劇本，翻出所有記得的資訊，把可能對周圍造成的影響寫進劇本中，並且從A到Z逐一事前演練。到這裡還算可以，然而，她甚至連「別人會怎麼看我？」、「如果有人提到相關問題，我該如何回答？」的答案都細心準備好了。

惠珍時常花費大量心力在無限迴圈的思考中，導致她沒有力氣去應付真正重要的事情，對每件事都感到無助又疲憊。

不僅如此，惠珍非常優柔寡斷，沒有意志力去克服任何事，對於自己的能力「零自信」，頭腦就像處在無政府狀態，沒有原則和標準。

我認為，對於惠珍而言，她現在最需要的不僅是提升硬體設備，還必須更新軟體。她需要重新制定屬於自己王國的憲法，例如：

第一條：惠珍國是一個民主共和國。
第二條：惠珍國的主權屬於惠珍，所有權力均來自於惠珍。

如果**無法建立屬於自己的「道德」和「法律」，就很難堅定行動。然而，只要建立好內在秩序，就可以根據自己的價值觀進行判斷，並以此為標準來回應各種狀況和人際關係。**

乍看之下，如此明確的價值觀和原則似乎會對生活造成限制，但事實並非如此。我們需要價值觀和原則，才能在生活中獲得自由。為人父母一定很清楚這一點，當父母為孩子制定「應該做什麼」和「不應該做什麼」的規矩後，孩子在這個安全範圍內就會感到舒服自在。例如「玩具只能在自己房間裡玩」、「先吃完飯才能吃點心」、「晚上九點前要上床睡覺」等，建立明確的框架，孩子們才可以更自由地嬉戲。相反的，如果父母沒有任何原則，完全根據當下的心情教訓或稱讚，孩子反而會不知如何應對，感到驚慌不安。當父母以隨時在變動的心情作為價值觀和原則，孩子就得時時刻刻看父母的臉色。

在自己的原則中
盡情嬉戲

身為研究生的勤瑛，她與前述的惠珍狀況大不相同，勤瑛擁有很明確的價值觀和原則。她是眾所公認的富家女，但就學時並沒有仰賴父母的金援，儘管周圍的人都不懂為什麼要把自己搞得這麼辛苦，但她認為父母的錢不是她的錢，因此並沒有被那些言論動搖。

在攻讀艱難的博士學位時，她被指導教授壓榨，直到有一天，她因拒絕教授不合理的要求被趕出研究所，甚至不能上台講課。後來整整一年，勤瑛的生活過得非常辛苦。終於，教授的違法行徑被拆穿，受到懲處，她得以繼續研究，並再次站上講台。倘若當時勤瑛違背自己的原則，配合指導教授的非法要求，現在的她就無法保護自己了。勤瑛的價值觀和原則在

「守護自己」這方面發揮了作用。

正確的價值觀和原則，等同於我們的「證照」。當然，這種證照並不能保障一個成功的人生。但至少，我們可以守護一項寶貴的東西，那就是自己的自尊心。這使我們能夠擁有「我知道自己正在做正確的事，我是一個不錯的人」的感受，同時不會失去「我的人生由自己掌控」的自我主導性。

守護價值觀和原則，看似是一條漫長而崎嶇的道路，實際上卻是最迅速的捷徑。即使做出決定後仍然不斷猶豫、擔憂懊惱，心想：「我當時為什麼會那樣做呢？」也不要回頭，只要你選擇的是守護價值觀的道路，那麼，你終究會停止擔憂，並且能大聲告訴自己：「即使如此，這依然是正確的決定。」

我們要避免在搭上了自我貶低和憂鬱的特快車後，卻還一邊咬著雞排、喝著珍奶，佯裝一切無事般餵養心理的病痛。請環顧你的國家是否太平？因為你的王國主權掌握在你手中，所有的權力都來自於你。

活得越真實，內在越強大

閔旭正在考慮離婚，為此所苦的他來尋求心理諮商。

他的岳父是一位富豪，在女兒婚前就送了她一套公寓，婚後也每個月給予她生活費。妻子不滿意閔旭的普通上班族薪水，也將父親的金援視為理所當然。由於妻子從未親自賺過錢，所以無法理解職場生活的辛苦，當閔旭需要加班或在週末工作時，妻子總是變得特別敏感。

還在談戀愛時，閔旭認為妻子充滿自信、為人正直，但結婚後的妻子卻是一個只關注自己感受的人，生氣時大吼大叫、亂扔東西，遇到重要的家庭大事不告訴閔旭，而是直接與娘家商量；明明沒發生什麼事情，卻帶著孩子遠赴娘家住上一個月。岳父建議女兒跟閔旭離婚，還表示所有責任由身為父親的他來承擔，要女兒隨心所欲來決定，這也助長了夫妻的爭執，閔旭因此認真考慮要離婚。

社會中存在著相當多的「媽寶」和「爸寶」。許多人即使結了婚，也無法建立自己的獨立國家，而是繼續維持與父母的聯合國體制或殖民地狀態。如果和「媽寶」或「爸寶」結婚的配偶本身是獨立的個體，那麼與對方父母發生衝突也是必然。

真實的自我
虛假的自我

美國精神科醫師莫瑞·鮑文（Murray Bowen）透過「自我分化（differentiation of self）」這一概念來說明人類的心理獨立。根據鮑文的理論，人類的自我包含「真實自我（solid self）」和「虛假自我（pseudo self）」。

真實自我是指「對於自己抱持堅定的信任感」；而虛假自我則會隨著其他人或環境產生變化。順利「自我分化」的人，通常在童年時期透過與周圍人們的互動，充分形成了真實的自我，不容易受到他人的言行或情緒的影響。相反的，「自我分化」較不順利的人大多以「虛假自我」的方式存在，對於周遭的情緒或反應非常敏感。他們難以維持有意義的人際關係，也不太懂得應對緊張或壓力。儘管如此，他們依然將大部分精力用來追求他人的愛與關懷，度過關係導向的生活。

展現最低程度自我分化的人（以心理學角度而言）通常患有邊緣型人格障礙。他們無法拿捏自己和他人的界線，總是將過濾不掉的負面情緒，直接傾倒在他人身上。他們的負面情緒也會顯現在做事態度上。

展現高度自我分化的典型人物，類似好萊塢電影中的英雄，或是依據自己信念和價值觀發起社會運動的社運人士和偉人。此外，還有一群人也屬於這一類別，那就是——努力過好自己的生活、與他人維持成熟的關係，並在自己的專業領域全力以赴、追求人生意義的人們。

擺脫追求他人關愛的人生！

形成完善的「自我」之後，就會對於無意義的人際關係失去興趣。即使行為受到批評，只要符合自己的信念就不怕被攻擊，並且能夠獨立自主做決定。

形成完善自我的人，擁有明確的自信，並且努力按照自己追求的信念和價值觀生活。反之，無法確實「自我分化」的人，往往難以心理獨立，缺乏屬於自己的核心信念與價值，總是錯將他人的渴望視為自己的渴望，將他人的目標視為自己的目標，把別人的觀點、價值觀和判斷直接套用在自己身上，無法說清楚自己是誰，習慣以他人眼光來審視自己的生活，所以時常被不明所以的焦慮與空虛纏上。

人類必須擁有一個他人無法侵犯、專屬自己的世界，才有空間儲放幸福。努力建構自己的世界吧！讓每一天都符合自己的核心信念，使生活更加成熟和豐富。

我想起自己在觀看《我是個自然人（나는 자연인이다）》這個節目時產生的疑問。節目中，那些遠離城市、在無電無水深山中克難生活的人們，驅使他們選擇這種生活的原動力為何

呢？一開始我以為他們是為了擺脫自己的角色和責任，想活得輕鬆自在一點，但很快就意識到那只是一種表面的看法。

「自然人」在大自然中打造出屬於自己的世界，找到了屬於自己的幸福。在自己的國度、自己的城市中，他們就是主人，無須在意他人的眼光。「找到真正的自己」才是生命中最具意義的事情。

期盼我們都能擺脫關係導向的生活，成為獨立自主的主體。

吸引力法則的基礎是努力

「只要有夢就會成真」、「你所渴望的都將成為現實」，市面上充斥著《祕密》這類成功學的相關書籍，強調透過「自我暗示」想像出理想的將來，終有一天必能如願以償。然而，這類「吸引力法則」容易使人只在腦中勾畫美好的未來，盲目相信一切都很順利、一定會成功，擴大解讀合乎自己心意的證據，卻忽視、否定、迴避現實中相反的例證，演變為扭曲的正向思考。

事實上，真正成功的人往往能夠具體分享自己成功的祕訣。這些人每天都在付出努力，所以對於描述自己如何克服逆境並不困難。他們總是謙虛地說，多虧一路上努力不懈的準備，才沒有錯失機會。然而有些人聽到他們的成功祕訣後，似乎忽略了努力實踐的價值，反而選擇簡單的道路，沉醉於「自我暗示」的世界中。

追逐夢想的
前置作業

我有兩個很喜愛的品牌標語，一是Nike的「Just Do It」，另一個是Adidas的「Impossible is Nothing」。這些標語之所以吸引我，是因為它們要求具體的行動。然而，在將口號轉為實踐之前，需要記住一件事——客觀檢視自我，也就是確認自己是否具備實踐的能力。

自我可以分成「理想我（ideal self）」、「真實我（real self）」和「可能我（possible self）」。如果過分抬舉「理想我」，就會與「真實我」產生巨大的落差，導致在第一階段出現錯誤。而且，人們往往不會努力彌補這中間的落差，而是試圖以意志力或口頭激勵來彌補，於是又造成第二階段的錯誤。相較於刻骨的努力，強烈的口頭宣示輕鬆得多，因為只要做夢就可以了。

畢業於地方性國立大學的宇植，正在準備公務員考試。他表示自己的父親一直堅持要他繼續考，今年已經是第六年了。當我詢問他「明年有機會考上嗎？」他總是回答「我不太確定」；當我詢問他公務員是否符合他的個性時，果然他也表示「我不太確定」。

而不久前剛通過軍官考試的東俊，則與宇植的狀況截然不同，只花了兩年就考上正式軍官。準備考試的第一年，東俊距離合格分數只差三分；第二年，他更加努力讀書，並將報考領域轉為陸軍，招募人數最多的軍種。他笑著表示，雖然選擇陸軍可能會被調到江原道山區，但這也是自己必須承擔的部分，接著他開心向我傳達了通過考試的消息。

東俊非常瞭解自己的能力，為了實現夢想而努力的日子本身就很美好。由於十分清楚自己的優勢和劣勢，所以他能在適合的領域找到立足之地。不僅維持生計，發展得好還能夠成為該領域的佼佼者。

對一個內向的人而言，成為一名只需要盯著螢幕的程式設計師是一個好的選擇；對一個外向的人而言，可能更適合從事服務業或銷售工作；如果是充滿創意的企劃鬼才，投身內容產業勢必更容易取得成功。當我們的能力和現實相符，將更有機會過上不錯的生活。

找到適合自己的跑道
再全力奔跑！

醫師在實習期間，不僅要提升技術，還要清楚了解自己的能力範圍。當遇到超出能力範圍的病患時，要懂得及時轉診到更上級的醫院；遇到非自己的專業領域時，必須尋求其他專科醫師協助；在收到手術同意書時，需要提醒患者手術過程或術後可能的併發症，並且清楚告知現代醫學的侷限性。因此，醫師絕對禁止僅憑自己的意願、不負責任說出：「我辦得到！」，必須恪守經過嚴謹驗證的醫療範圍。

為了讓自己發揮得更好，我們必須成為「研究自己」的專家。在漫長的義務教育中，沒有一門課在教我們「如何瞭解自己」。我們不太清楚自己是誰、喜歡或討厭什麼、擅長或不擅長什麼。不曉得怎樣的生活適合自己，也不曉得怎樣的生活不適合自己。身為一個誕生在這個世界上的人，我們可能未曾思考過自己應該為了什麼而活。只是看著自我成長書籍，然後下定決心效仿裡面的故事，卻忽略了成功者所付出的「努力」，一味羨慕他們結出的甜美果實。

擁有跑步天賦的人，想必會以尤塞恩・波特的百米短跑世界紀錄9.58秒為目標；而具有足球天賦的人，想必會以梅西和內馬爾為榜樣，以超越他們的紀錄為目標。然而，如果沒有跑步天賦，卻想超越尤塞恩・波特呢？如果沒有足球天賦，卻想成為梅西般的頂尖球員呢？這聽起來十分荒謬的想法，卻是許多人實際上正在過的生活。想要賺許多錢，想要獲得榮譽，卻不在乎自己的天賦或能力，只是盲目投入於不適合自己的生活。

我們應該回顧自己的人生，客觀判斷問題所在，而非演出一場效仿他人的鬧劇。我所選擇的跑道，真的是我應該奔跑的跑道嗎？倘若我付諸努力，可以在這個跑道上達到多高的成就？我是否客觀瞭解自己的優勢和劣勢？跑在這個跑道上，對我來說具有何種意義？我是否有全力以赴，發揮我的最大能量？

讓我們冷靜評估和分析。如果你對於自己的判斷有信心，那麼從這一刻起，就不需要浪費時間內耗，直接投入實戰吧！你當然可以相信《祕密》的吸引力法則，但同時也不要忘記，沒有任何成果可以僅憑藉「做夢」和「想像」來實現，唯有瞭解這點的人，才能為人生帶來真正的變革。

第 3 章

認識真實自我，設定自己想要的人生

追逐愛與肯定的過程中
如何不失去自我？

內心強大的基本條件

你知道擁有「玻璃心」和「鋼鐵心」的人之間，有什麼差異嗎？一般情況下，兩者表面上並沒有太大區別，因為玻璃心的人，往往不會輕易讓別人察覺。兩者最大的區別是在遇到困境時，堅強的人能夠克服困難並向前邁進，脆弱的人則會像薄片餅乾般裂成碎屑。

身為一名精神科醫師，我透過長期的觀察得出了一個結論——擁有鋼鐵心，也就是內心強大的人，往往有自己的「信心後盾」。

信心後盾就如同汽車保險，而內心強大的人就像擁有完善的汽車保險，出車禍時，就算和高級進口車發生擦撞也能獲得理賠，只要坦然向受害者道歉並妥善處理保險事宜，就可以輕鬆解決；反之，內心脆弱的人就如同沒有汽車保險、或者理賠範圍極小一樣，若不小心撞到昂貴的進口車，就必須在手足無措的同時，親自處理大小事，勞心勞力與受害者多次協調，在過程中飽受折磨、疲憊萬分。因此，擁有鋼鐵心或玻璃心的差距是天壤之別。

內心強大的人所擁有的「信心後盾」，我認為具體包含以下五項內容：

第一，經濟實力。

經濟實力是支撐生活的最基本要素。以五十多歲的相恩為例，正在接受憂鬱症治療的她，婚姻生活過得非常艱辛，她的丈夫不僅自私自利，還經常外遇，夫家狀況也讓她備受煎熬。然而，相恩沒有經濟能力、也沒有工作意願，只能依賴丈夫、看丈夫臉色過日子。即使想要離婚，但自己都這把年紀了，根本無法找到工作，只能持續哀嘆自己的處境。

現在許多書籍、演講，都在安慰經濟能力不足的年輕人。其中，「你現在已經很棒了」這種說法，雖然可以在短時間帶來撫慰，卻沒有辦法實際改善生活。我認為，應該趁年輕時積極打造自己的「信心後盾」，而不是用一派輕鬆的說法敷衍過去。多數年輕人仍然在為了更好的經濟條件而努力，但如果你的狀況並非如此，我建議你還是先好好努力工作、好好賺錢，才能夠以堅實的經濟能力守護自己！這是擁有強大內心的第一步。

第二，專業領域的實力。

擁有專業領域上的實力，也能夠提高對人生的主控權。我在一篇採訪文章看過，韓國花式滑冰女神金妍兒，因為採取高強度訓練導致脊椎稍微側彎的消息。金妍兒選手之所以能夠自信滿滿出賽，是因為她透過超乎常人的努力累積了實力。

在公司組織中，實力卓越的人不需要看人臉色，可以更積極投入工作，他們往往很清楚自己對於組織的重要性，即使離開現在的公司，也有自信得到其他公司青睞，或被挖角到其他產業。我們之所以努力工作，並不是為了公司，而是為了自己的身價。經濟能力是信心的基石，而專業領域的實力則可以為信心加分。

第三，生活的意義和目標。

知道自己為何而活的人，不會輕易受到外部環境的動搖。韓國槍傷治療權威李國鍾醫師，他不屈服於艱困的醫療現狀，為了堅守自己的信念奉獻一生，儘管他的理想無法增加醫院的收入、也遭受眾人反對，他仍然孤軍奮戰，不斷拯救生命，持續指出急救醫療體系的問題以及醫療直升機的必要性。另外，像李泰錫神父這類長期為志願性醫療而奉獻的人，往往也深諳自己生活的意義與目標。

生活的意義和目標是另一個「信心後盾」。那麼，如果生活失去意義和目標，會變得怎麼樣呢？我們會感到很空虛。有些人因此不斷追求即時的快樂，過度沉溺於性、電玩、酒精，甚至染上毒癮。即時的快樂，無法為空虛而乾渴的靈魂帶來解藥；即時的快樂，無法取代生活的意義和目標。

第四，熱愛的事物。

擁有一件自己熱愛的事物，就像是生活的潤滑劑，能夠帶來幸福感，甚至成為人生的目標。二十多歲的宇盛，夢想是成為網路漫畫家，他積極參加各種漫畫比賽，最終成功入選，並在社群媒體上不斷分享作品以宣傳自己。最近，他更與一個網路漫畫平台簽約，準備正式邁入漫畫家生涯。

對宇盛而言，他的夢想並不是透過網路漫畫家的身分取得成功，他認為，只要每月賺個兩百萬韓元（約新台幣四萬七千元），能存點錢養活自己就心滿意足了。自小熱愛看漫畫、對畫畫充滿熱情的他，曾經夢想進入藝術學校就讀，但是遭到父母親反對，導致他暫時無法圓夢。不過，現在宇盛正在努力實現自己的夢想。

知道自己熱愛什麼、發現自己的天賦，用心思考、探究如何將熱愛的事物與世界連結，並且具體實現出來，這個過程也能幫助我們打造出「信心後盾」。

第五，擁有「有意義的他人」。

有意義的他人，指的是那些在我們遇到痛苦、挫折時，能給予我們慰藉和支持的人；當我們快樂時，能真心為我們喝采的人，以及不論我們的條件和能力如何，都能接納我們真實樣貌的人。

如果有幸擁有人格良善的父母，我們很可能從出生開始就擁有一個「信心後盾」。從小被父母以愛澆灌的人通常充滿自信，不會輕易屈服於生活逆境。在感到辛苦的時候，他們能夠在父母的懷中找到慰藉和鼓勵，並從中獲得重新面對世界的力量。每個人最初發展的人際關係通常是與父母的關係，而與父母的關係，會奠定我們與其他人際關係的基本框架。

然而，未必所有父母都是「有意義的他人」，即使如此，我們也無須失望。我們在生命第一季遇見的通常是父母親，但走到第二季和第三季時，仍可能遇到其他有意義的他人，例如朋友、導師、伴侶。好好把握與這些人之間的關係，和這些珍貴的人們一同踏上人生旅程吧！他們將成為我們堅固可靠的「信心後盾」。

如前所述，我們可以透過具體的行動來打造自己的五個「信心後盾」。大多數的書籍或YouTube影片，在談到如何「克服脆弱」時，時常強調的是「不要在乎他人的目光」。然而，這一點必須視情況而定。

如果你年過三十仍找不到工作，必須仰賴父母提供生活費，那你肯定得看父母臉色；或者你的專業能力不足，在職場上的地位可有可無，那麼你大概也難以擁有話語權。因此，擁有經濟實力與專業能力非常重要。

也許現在的你找不到活著的理由，只是因為不得不活下去而繼續硬撐。但我認為，找不到生活樂趣、對什麼都不感興趣的人，也許是還不知道積極尋找快樂的方法，所以才暫且過著枯燥乏味的生活，但不代表會永遠如此；如果我們身邊沒有「有意義的他人」能夠分享喜悅和悲傷，確實也難以感受到幸福。但是，我想告訴各位，即使活得如此奔忙，也千萬不要放棄打造自己的「信心後盾」。

仰賴他人無法獲得的力量

在童年時，我是如同醜小鴨一般的存在。小時候因為頻繁出現熱痙攣症狀，媽媽擔心我的腦部有異常，常帶我往返首爾的大醫院做檢查。媽媽的朋友們還因此戲稱我為「每天生病的老二」。小時候，跟同年紀的小孩相比，我的舌頭比較短，導致發音不清楚，語速也比較慢，直到小學低年級，我除了家人外，從未主動和他人交談過，總是牢牢抓住媽媽的裙角。現在回想，我當時的症狀很接近「選擇性緘默症（selective mutism）」。

就讀小學時，我記得有一次，我因為不敢詢問洗手間的位置而直接尿在椅子上，趴在書桌上哭了起來。從青少年到就讀醫學院時期，我一直覺得自己沒有存在感，我非常沉默寡言，只和少數幾個朋友交談，也沒有特別擅長的事情。

除此之外，大學時期的我也不太打扮，近視度數又高，總是戴著厚重的眼鏡，看起來很俗氣。長大成人後，我依然是個內向且非常容易焦慮的人。以客觀角度來看，我缺乏吸引力，只有我對他人產生好感，根本不曾有人對我表示好感。但神奇的是，我幾乎從來不曾渴望獲得他人的好感。

「好感」是指「對他人的關心、愛慕、認同和尊重」。近來在社交媒體上，我們常看到一些人因為渴望獲得關注，甚至願意為此大量揭露個人的私生活。這樣的人在韓語中被稱為「關心種子」，帶有負面意味，指的是「非常渴求別人好感的人」。

究竟為什麼人們會如此渴望他人的關注呢？答案非常簡單。因為我們從一出生就是顆「關心種子」，必須取得照顧者的關注，讓他們喜歡自己、關愛自己，我們才能夠生存下去。從出生到成年，父母對子女無條件的關懷和關愛，滿足了我們天生渴望被關注的期待；父母所給予的絕對愛意和信賴，也成為支撐我們生命的堅實根基。

我之所以成長為一個「不追求他人好感」的人，全都要歸功於我勤奮又善良的父母。我的父母總是竭盡全力付出，卻不曾想著要控制孩子。我的父母就像大樹一樣，慷慨無私護蔭著子女，於是，我得以持續接收到「我是一個值得被愛的存在」這樣的訊息，所以我從未因為無法獲得他人的好感而惋惜。

身為次女的我，兒時説話口齒不清、語速也慢，不小心在教室小便的那天，收到學校通知的母親該有多心急如焚呢？儘管如此，母親從未在我面前表現出擔憂的模樣，總是不斷告訴我，我是多麼珍貴的存在。多虧我的父母，我在成長過程中，從未懷疑過自己存在的價值。

不需要過度解讀
微小的好意

越是需要關心和關愛的人，越容易對他人微小的好意賦予龐大的意義。

我想起年幼時沒有得到充分關愛的秀蘭。當她長大後，某次感冒時，男友買了感冒藥和鮑魚粥回來，在那瞬間，她立刻認定男友是個值得託付終生的對象，決意跟他結婚。

秀蘭在成長過程中目睹父親不照顧家庭，整天酗酒，還不時外遇，甚至對家人施暴，所以她認為只要對方不喝酒、認真工作，就是適合當終身伴侶的對象。換句話說，**她並不是透過對方「擅長的事」來認定這個人，而是透過對方「不做的事」來給予評價。**至於那些努力實現目標、認真自我管理、擅長發覺他人優點並給予鼓勵、帶來正面影響的人，她並不容易意識到那是好的對象，因為她的生活中從未出現過好人的榜樣。

對秀蘭而言，她心中沒有所謂的模範表徵 (representation)。她只以「不酗酒、不打家人、勤奮賺錢」來評價一個人是否合格，但對於良好的品性、正確的價值觀、利他主義和關懷等額外加分的事卻一竅不通。沒有良好範本可以參考的人，只會用「最低標準」看待別人，而**已經看過良好範本的人，通常會更著重一個人加分的地方，至於未達最低標準的人，則是完全排除在視線之外。**

就像是大學聯考結束後，媒體總會熱烈討論數理考題的難易度，但不管討論得再熱烈，對數學完全不在行的學生仍舊無法理解，就如同秀蘭缺乏客觀選擇丈夫的依據一樣。雖然丈夫會賺錢、不喝酒、不外遇，但他的優點僅限於此。丈夫雖然不會動手，卻經常侮辱和謾罵家人，這點與秀蘭的父親非常相似，因此，秀蘭的婚姻生活並不幸福。

釋出好意
不代表是個好人

若不懂得如何以積極的眼光評價他人，當我們在選擇工作夥伴、戀人或摯友時，就會以「對方對我多好」來判斷。意思就是，以他人對自己釋出的好意來當挑選標準。然而，人在別有用心的情況下，可以裝模作樣地示好。

例如談戀愛初期，為了吸引異性的好感，大家都會盡可能善待對方，可是隨著時間流逝，韓國有句俗諺「抓到魚之後就再也不餵飼料」可說是再貼切不過。再如，為了順利在公司升遷，人們也願意對上司阿諛奉承。所以，一旦我們升上較高的職位時，就必須時時警惕下屬在你面前展現的好意，因為背後可能帶有其他目的，而我們很容易誤以為擅長諂媚的下屬同時也是個能力好、個性好的員工。

單以對自己的好意來評價對方的人，還可能擁有另一個特徵，就是容易盲目崇拜自己所屬的群體。這些群體可能是同鄉會、校友會、料理班、宗教聚會、藝人粉絲俱樂部等，成員之間的同質性，讓他們往往對彼此給予高度評價。

然而，極端將自己與群體視為一體，試圖在其中找尋自己定位的人，幾乎都缺乏對自我的正面認知，因為認定自己是群體的一份子，群體出色就等同於自己也很優秀。此外，由於所屬群體擁有同質性，也容易不信任和排斥群體外的人，不自覺活在群體創造出的主觀世界中，視野逐漸變得狹隘。

我認為，不應該僅憑「好意」來評價一個人，這點請務必銘記在心。人們為了達成目的，偽裝好意並不困難。因此，**我們需**

要檢視群體追求的目標，是否與自己的目標一致。我們是將群體當作工具，用來符合自己的需求？還是反過來淪為群體達成目的所使用的工具呢？我們應該思考在人際關係中，什麼才是正確的交流，也要培養識人的遠見。這麼一來，才能與別人建立起良好的人際關係。

談到識人的標準，讓我想起了智賢，她在孤獨煎熬的待業期遇到了一位男子，她被對方微不足道的好意所吸引，開始和對方交往。一年多後，智賢覺得對方並不適合自己，於是提出分手，卻在分手過程中產生糾紛。對方威脅智賢，如果分手，他絕不會善罷甘休，甚至不斷監視智賢的一舉一動，成了一名跟蹤狂。

「我只是肚子餓，隨便撿點東西吃，結果卻得付出這樣的代價。」智賢的話依稀在我耳邊迴盪。我們能意識到他人展現的好感，這本身就已經足夠了。**讓我們記得一件事：對方表現出來的好意就只是好意，不代表對方是個好人。**

時常感到失落的人們

有時候特別容易感到失落。

例如分手後想找閨蜜爛醉一場，卻被以「公司工作太忙」回絕，於是感到失落；在朋友生日時，千辛萬苦訂到對方想要的限量商品作為禮物，但自己的生日卻被忘得一乾二淨，沒有收到任何禮物，於是感到失落；整個週末卯起來加班，主管卻硬要挑出報告中的小錯誤，於是感到失落。

因為對他人抱有期待而產生的失落和不悅，與我們潛在的期望有關。當對方打破我們的期望時，這些情緒就會紛紛湧現出來。

舉例來說，假設在你的認知裡，感情很好的夫妻都會在彼此生日時用心準備禮物，偏偏今年丈夫工作繁忙，沒有準備你的生日禮物，那麼這個「認知」就被打破了。一旦這個認知被打破，就不只是「沒有買禮物」而已，而是會被進一步解讀成「原來我們不是一對恩愛的夫妻」，或者演變成「丈夫對我的愛已經冷卻了」。

在自己也沒有意識到的情況下，我們心中存在非常多的認知。例如「一定要在某個年紀前去留學，並且在某個年紀畢業」、「三十歲前一定要存到第一桶金」等，要求自己遵守這些認知。如果只要求自己，不勉強他人符合自己的認知倒是無妨，問題在於我們與其他人建立關係時，也時常在無意間向對方提出這些考題。

「大學同學一定要感情很好」、「情侶間必須記得100天、200天、300天紀念日，而且要好好慶祝」、「職場同事私下也要有好交情，這樣工作才會順利」等想法，如果只停留在「期待」的話影響不大，但如果認為是在「理所當然」的範圍內卻沒有達到時，我們就會產生無比的失落感，甚至因此感到憤怒。

有些時候，我們會把自己投射到對方身上，認為對方也應當遵守這些認知，誤以為對方跟自己擁有一樣的想法。例如，一位認為「絕對不該離婚」的丈夫和一位認為「離婚也是種選擇」的妻子，每當發生嚴重爭執時，妻子就會吵著要離婚，而丈夫則堅持不離婚，夫妻之間的情感衝突越演越烈。

隔閡之所以會產生，就是因為固執己見，沒有仔細審視對方的認知，認為只有自己才絕對正確。與他人發生衝突時，最優先該做的是「檢視對方的想法」。需要瞭解對方的認知和自己有哪裡不一致，並思考是否有妥協的餘地，如果有，能夠妥協到哪個程度。

你的認知
不是我的認知

除了每個人的認知不同之外，每個社會、每個時代共通的認知也不盡相同。「以個人為中心」的西方社會認知，和「以團體為優先」的東方社會認知就有所不同，例如孩子畢業後獨立生活，在西方是很理所當然的文化，但在東方社會中，父母和成年子女可能依舊同住，情感連結也更為緊密。

夫妻關係也存在著文化差異。與西方不同，同性婚姻合法化和婚前同居在亞洲並不普遍，許多國家只有異性婚姻是合法的。面對安樂死的問題時也是如此。有些國家以法律積極保障安樂死，而有些國家僅同意生存機率渺茫的癌末患者，或者無法進行延命治療的臨終病患，可以在法律保障下消極的安樂死。然而，隨著時間流逝，社會上對安樂死的呼聲也越來越高，認為法律應允許積極的安樂死。

我們所生活的世界中，每個人都擁有多樣化的認知，社會、文化和時代價值觀也與這些認知共存，並隨之變遷。

社會價值觀和個人的認知會相互影響。因此，沒有任何一個認知是絕對的，尤其當這個認知不只關乎自己，同時也跟他人有關時更是如此。因此，我們不該強迫他人回應自己出的考題，自己的考題應該自己負責。這麼一來，我們才能擺脫失落的情緒，重獲自由。

焦慮時，去跑步吧！

我最常建議來就診的人們去做的事就是運動。對於失眠的患者，我建議他們戒掉咖啡因、開始運動；對於恐慌症的患者，我建議他們做好壓力管理，同時也要開始運動；對於憂鬱症患者，雖然現在要他們活動起來不太可能，但只要稍微恢復力氣，我就會建議他們去運動；我也會建議失智症患者的照顧者，每天外出輕鬆散步個三十分鐘也好。去運動吧！這是我每天不斷叮嚀、提出的建議。

我自己也一直保持著運動習慣。在新冠疫情爆發之前，我每天早上都去游泳，而在疫情稍微趨緩之後，我每天會步行到附近的小寺廟。每到週末，則和家人一起四處爬山。

我在壓力大時選擇去運動的原因，是為了將自己的注意力轉移到其他地方。出現令人頭痛的事情時，只要去游泳池往返個五十公尺，所有的雜念都會消失。游完之後洗個澡，那些困擾我的複雜思緒也一同被洗淨，一切似乎變得沒那麼嚴重了。

我認為爬山也有同樣的效果。當身體很疲憊時，思緒就會變得一片空白，如同要登上聖母峰的人，一步一步全心朝山頂前進，所有精力都消耗在當下的動作，腦中複雜的思緒也隨之消失。當爬上山頂，內心因為充滿了登頂的成就感，負面的想法毫無立足之地。下山後，喝著冰涼啤酒的瞬間，忽然覺得生活沒什麼大不了的，腦中思緒變得很單純。

除了去運動，情緒激動的時候，我還會去玩遊戲、喝酒、唱KTV、看電影或聽音樂，這些也是能有效轉移注意力的方法。尤其當工作進展不如預期，或者與人發生爭執時，我就會去做這些事。當然，我們需要「冷靜檢視問題，透過溝通來解決問題」，轉移注意力不能解決問題，而是一種緊急救火的辦法，先將火勢熄滅，我們才得以恢復理性，這時，不僅能想出更好的應對方案，也能夠以冷靜的態度與對方開啟對話。

停止思考
活動身體吧！

發生不好的事情時，勸人「努力正面思考」無法改善情況，因為這並不像說的那麼簡單。更好的方式，其實是直接從「思考」中抽離，轉移至完全不同的「身體」上。關於這一點，我想與你分享賢淑的故事。

每週定期回診的賢淑，對我提到她醃辛奇醃了整整十天的事。六十歲的她，因為一場交通事故失去了兒子。人們安慰的話語她一句也聽不進去，取而代之的是，她每天步行到大型超市，買兩顆大白菜，接著清洗、切片、用鹽醃漬，最終醃製了大量的辛奇。賢淑說，由於連續十天不斷醃辛奇，身體非常疲累，她才得以睡個好覺。在醃辛奇的過程中，所有的雜念都會消失，如此一來，生活才過得下去。每當非常想念兒子的時候，她會去重新粉刷自己的房間，將床單全部拿出來、雙腳用力踩踏清洗，或是整理家裡的儲藏室，努力撐過每一天。

在生活中，我們每個人都承受了或大或小的壓力。如果很清楚自己做什麼事能夠舒緩壓力，就去做吧！從事一些有助於提振心情的活動（看電影、美髮、化妝、購物、聽輕快的音樂、翻閱相簿、約會），或者去令人心情愉快的地方（旅行、散步、兜風、吃美食、逛美術館），也可以投入喜愛的活動（打掃家裡、整理書桌、烹飪或烘焙、編織）。

整體來說，這些方法都是在「活動身體」，而非「思考」。對於憂鬱症患者而言，運動與藥物同樣有效。甚至，比起預防憂鬱症復發的藥物，運動的效果更為突出。這是因為運動後，會自然分泌使人感到愉悅的多巴胺、血清素和正腎上腺素。此外，運動後可以獲得更好的睡眠品質，同時對體重控制、糖尿病以及高血壓等方面也有幫助。

問題在於，我們常常搞不清楚自己做什麼事情可以釋放壓力、讓心情變好。由於沒有能夠輕鬆採取、常用的方法，導致紓壓變得很困難。因此，有時候人們會以負面的方式紓解壓力，例如酗酒、沉迷電玩或接觸毒品。甚至有些人會往更極端的方向走，比如習慣性的自殘。

每當詢問為什麼要自殘時，他們總是告訴我，自殘可以緩解緊張感，看到血液時，便能感受到自己活著，在那個瞬間，空虛感也會消失。事實上，自殘時，體內會分泌一種天然的鎮痛物質——腦內啡，讓人心情暫時變好。然而，仰賴扭曲的方法緩解壓力，只會招致另一種壓力，形成惡性循環。因此，瞭解如何健康的緩解壓力非常重要。

活動身體
是焦慮的最佳解方

韓國有位法官名叫金東炫，夢想成為律師而進入法學院的他，卻在某天遭遇了一場醫療事故，明明是簡單的眼科手術，竟讓他就此失去雙眼的視力。他難以接受成為視障者的事實，有很長一段時間都在沮喪和憤怒中度過。在母親的勸說下，他去了寺廟，每天拜佛三千次，一個月當中，總共拜佛九萬次。一開始拜佛時長超過十個小時，但隨著一天一天過去，敬拜花費的時間逐漸減少。

在韓國經典故事《沈清傳》中，沈清捐獻了三百石供米，最終讓盲父重見天日。因此，金東炫帶著一絲期望，希望自已付出的精誠也能讓他的視力恢復，就此完成了九萬次的拜佛。後來，當他向住持表示自己的眼睛仍然看不見時，住持反問他：「雖然你的肉眼睜不開，但你的心靈之眼已經打開了，不是嗎」？

那一刻，金東炫獲得了深刻的領悟，他還俗後努力進行復健，最終通過了律師考試，現在任職於水原地方法院，是韓國國內第二位視障法官。在拜佛超過十小時、三千次的修行中，他究竟感受到了什麼、在想些什麼呢？絕望、憤怒和茫然，是否逐漸從他的腦海中消逝呢？

身體和心靈就像硬幣的正反面，相互連結在一起。當負面的事件發生，內心感到痛苦的同時，身體也會因此變得僵硬而產生頭痛、胸悶等症狀。在這種情況下，光是放鬆身體、肌肉，就可以減輕內心的痛苦。

與「努力探索內心」的傳統心理治療不同，**我們能夠透過「舒緩身體」來開啟治療。當壓力讓腦中思緒變得混亂時，先讓身體活動起來吧！感到焦慮時，就出去跑步；在想法互相打架時，起身收拾儲藏櫃和衣櫥；寫作不順暢時，改去外面散散步。不要試圖用「想的」來解決「想法」的問題，立刻起身，活動身體吧！**

在知足和野心間找到平衡

自我成長書的內容總是千篇一律。「設定你想要的目標，然後積極想像它實現的那天！」、「當你下定決心時，全宇宙都會來幫助你！」、「即使遇到困難和逆境也絕對不要放棄！」、「只要每天努力奮鬥，任何人都可以成功！」類似的模式不勝枚舉。

成功的方法沒什麼新奇的，事實上每個人的途徑都大同小異。每天五點起床工作的人、鑽研一萬個小時後成為專家的人、沒日沒夜投入在同一件事的人⋯⋯這些人透過嘔心瀝血的付出，取得了閃亮的成果，看著他們的模樣，讓人不禁想為他們鼓掌喝采。然而，我始終沒有勇氣跟隨他們的腳步，我認為自己是個平凡的人，而他們則是非凡的人。

還有另一個原因，那就是我產生了「如果跟他們過著一樣的生活，我會感到幸福嗎？」的疑惑，追求名譽和金錢的日子，真的能使我快樂嗎？無論再怎麼思考，我都無法給予肯定的答案。

其實我很清楚自己絕對不會回答「YES」，因為我是典型的滿足者（satisficer），對於眼前的生活已經心滿意足。「滿足者」是指對於自己所做的抉擇和現在擁有的一切感到滿足和幸福的人，而與之相反的人，被稱為「最大化者（maximizer）」。

「滿足者」一旦達到自己所設定的目標，就會停止探索，對自己所做的選擇感到知足；「最大化者」則會不斷更新目標，因為他們的標準是「每個抉擇都必須是最好的選擇」。然而，世界上沒有一種事物可以達到絕對的最高水準，所以最大化者會不斷精進、提升自己。

如果想了解自己是「最大化者」還是「滿足者」，可以參考接下來的表格，這是心理學家貝瑞・史瓦茲（Barry Schwartz）所製作的測驗，可以用來判斷自己屬於滿足者還是最大化者。每個問題的回答，可以給予最低1分（完全不同意）到7分（完全同意），最後統計總分。總分最低得分為13分，最高得分為91分。總計超過65分者，屬於最大化者；總分低於40分者，屬於滿足者。

「最大化者VS.滿足者」測驗

	分數
1. 在做選擇時，會花心思考慮除了選項之外，甚至不存在於眼前的各種可能性。	
2. 即使對現在的職業很滿意，依然持續努力尋找更好的機會。	
3. 在車上收聽廣播時，即使覺得很滿足，還是會繼續搜尋其他電台節目，以瞭解是否有更好的選擇。	
4. 即使正在觀看特定的電視節目，依然會想切換各種頻道，尋找其他選擇。	
5. 處理人際關係的方式如同挑選衣服，會在與許多人交流後，再選擇與自己完美匹配的人。	
6. 在挑選要送給朋友的禮物時，經常想破頭。	
7. 決定要看哪部電影非常困難。為了找到最喜歡的電影總是費盡心思。	
8. 在購物時，很難選到最滿意的衣服。	
9. 非常喜歡將事物排名，比如最好看的電影、最棒的歌手、最優秀的運動員，或者最好的小說。	
10.寫信給朋友時，會費心挑選詞彙。就算是簡單寫幾句話，也會打好幾次草稿。	
11.無論做什麼，都會用最高標準來做。	
12.絕不滿足於次等的選擇。	
13.經常夢想著與當下完全不同的生活方式。	

——節錄自《選擇的弔詭》，貝瑞・史瓦茲（Barry Schwartz）

並非每位自我成長書籍的作者都是最大化者。他們當中肯定也有像我這樣的滿足者。然而，那些閱讀自我成長書籍的人們，主要看到的都是那些努力實現目標的最大化者，以及他們付諸努力所取得的成果。

那麼，看看文學作品如何呢？在散文作品中，常常提到「別過度努力」，以及講述小確幸、及時行樂的「YOLO族」，或是丹麥式的療癒生活方式「hygge」等，在在告訴大眾當下生活就足夠美好，這些內容帶給所有滿足者慰藉、吻合滿足者的人生哲學。

然而，我希望大家不要全然接受「這樣就夠了，不必太努力也沒關係」的訊息。例如，能夠完成「出版一本書」的任務，作者本身就需要比一般人更加勤奮。為了讓書順利出版，必須花費許多心力，包含尋找出版社、確定書本主題、寫初稿、再次修改原稿、宣傳書籍等過程，這些都需要相當強大的毅力，不勤勞是不可能做到的。明明作者本身過著努力奮鬥的生活，卻告訴讀者「這樣活著就足夠了」，低估了成長或發展的價值，為此我並不是很認同。

我們應該在「過度努力」和「小確幸」之間找到一個平衡點。不要只關注自我成長書籍中宣揚的成功，而是檢視那樣的生活是否能帶給自己幸福。

有位被稱為「幸福傳道士」的韓國媒體人，同時也是自我成長書籍作家，由於長期與病魔糾纏，最終選擇結束自己的生命。聽聞這消息的我十分震驚，從那之後，每當在閱讀自我成長書籍時，我總是下意識想知道作者是否對自己的生活感到滿足和幸福。**金錢和名譽當然重要，但清楚如何在自己的生命中找到滿足感和幸福感的人，或許才真正擁有撰寫自我成長書籍的資格吧！**

過度努力和小確幸之間的平衡

我是對於自己擁有的一切感到知足的「滿足者」。在結婚十五年之後，能夠在位於小城鎮郊區的地方擁有自己的家，我為此感到滿足；家人們都平安健康，也讓我非常感激。儘管我開的只是一間小小的私人診所，但我非常感謝前來看診的人們。我的員工們正直又勤奮，讓我能夠專心看診，對此我也相當感恩。我對於自己擁有的一切都感到感激和滿足。

我同時也是一位「最大化者」。由於我還有作家這個職業，所以我也追求著最大化者的生活，勤奮的閱讀精神醫學書籍和論文，也努力聽講座，當出現我想寫的主題時，我就會撰寫企畫書，努力向出版社提案。正式進入撰稿階段時，我就會變成一個工作狂，將所有時間和精力投入在稿子裡。

我一次次修改、重寫，努力在我的能力範圍內寫出最好的內容。每當看到熱騰騰、印刷好的書籍時，總會覺得似乎還有更好的可能而稍感遺憾。當我轉換為作家身分時，我是一位不折不扣的最大化者，始終不知足，因此在寫下一本書時，我都會下定決心要更認真撰寫。

讓我們感恩所擁有的，同時渴望尚未擁有的，度過這樣的生活吧！對於自己所擁有的一切無法知足的最大化者，即便持續進步，也會因為無法感到滿足而失去幸福感；同樣的，對於自己所擁有的一切毫無埋怨的滿足者，也可能過著毫無成長的生活，總是原地踏步。

讓我向你分享亞蘭的故事。四十多歲的她，是一位勤奮的最大化者，她在撫養孩子的同時也在職場工作，這樣還不夠，她甚至兼做副業來賺錢。多虧如此，她不僅比其他人更早擁有自己的房子，也取得多張證照，在網路事業的表現蒸蒸日上。亞蘭的丈夫則是一位滿足者，她對此頗有微詞，認為安分守己的丈夫與努力奮鬥的自己形成鮮明對比，倆人時常發生衝突。後來，大兒子想攻讀研究所，因此仍需要父母的經濟支援，但丈夫卻計劃退休後返鄉務農。於是，亞蘭考慮等孩子經濟獨立後，就要與丈夫過著互不干涉的「卒婚」生活。

在我看來，亞蘭和丈夫彼此都需要妥協。亞蘭需要對現況更加滿足，學習享受眼前的幸福；而她的丈夫則需要努力成為一位最大化者，試著對未擁有的事物產生野心。一手擁有對當下知足的幸福感，另一手擁有對追求向上的動力，若能取得兩者之間的平衡，必定能使生活更加豐富深厚。

以價值觀做為選擇的基準

我有位朋友鐵了心要結婚，於是加入了婚姻介紹所。

她每個禮拜努力跟男生約會，最後卻不斷打電話給我，抱怨這個過程根本不是人該做的事。她說其中有個男生體貼又溫柔，但薪水卻是由母親來管理，讓她瞬間滅了火。還有個男生跟她一樣是醫師，但卻很難聊，於是也只能放棄。還有個男生開門見山問她年薪多少，無禮又庸俗，所以也出局了。

朋友按照婚姻介紹所的合約，總共完成了十次相親，最終還是沒能找到適合的伴侶。在接觸各式各樣的人之後，她只留下了滿腦子的困惑，不曉得在選擇伴侶時究竟該注重什麼才對。相親之旅就這樣畫下了句點。

心理學家貝瑞・史瓦茲在《選擇的弔詭》一書中指出了一項矛盾，那就是擁有自由選擇的權利，反而使人不快樂。選擇很多，同時也代表要放棄的選項很多，對於其他選項的眷戀，會干擾我們對當下決定的滿意度和專注力。這原理同樣適用於我們選擇的職業、居住地以及配偶。如果對自己的選擇缺乏信心，只要稍微感到不滿，就會開始後悔過去的決定，並尋找更好的替代方案。

我們的情緒
掌控了我們的決定

每個人都想做出最好的選擇。因此我們精打細算、客觀比較，希望確保做出的是「經過萬全思考後的最佳決定」，並為此感到滿意。

然而，人並非如此理性的存在。在做選擇時，情緒帶來的影響其實更為強烈。情緒可能在某件事塵埃落定時忽然湧現，也可能成為促使我們做出決定的動機。這就是為什麼有些人堅決嫁給眾人反對的對象；而有些人即使遇到品性、能力、家世都完美匹配的對象，也可能因為愛火不再熾熱而決定分手。

我們做選擇時，感性時常打敗理性。例如，粉絲們之所以購買明星的周邊商品、參加演唱會，相較於明星優秀的音樂才華、外貌、演出，他們帶給粉絲的感動和喜悅顯然是更關鍵的原因；政治也是如此，對於自己支持的陣營，我們會儘可能找出優點，至於缺失則視而不見；對於自己反對的陣營，就算看到優點也會雞蛋裡挑骨頭，並狠咬著缺失不放；宗教也是如此，宗教豈是可以訴諸理性的領域呢？所有宗教的共同教義，不外乎是要人們「拋棄理性，無條件相信神吧！」

不論好壞，任何帶有具體又強烈情緒的記憶，都會在我們需要抉擇時發揮龐大的影響力。我們遠比自己以為的更情緒化，也更主觀。此外，每個人都是獨一無二的存在，也是擁有不同記憶和情緒的個體。因此，我們必須先充分瞭解自己的主觀性和個體性，才能做出正確的選擇。

追隨自己的價值觀吧！

在做選擇時，許多人經常跟從社會普遍的邏輯，壓抑自己的主觀性和個體性。尤其身在追求團體性、一致性的社會，這種現象尤為明顯。

舉例來說，現在流行穿長過腳踝的寬褲，有些人明明不適合，卻還是勉強自己跟著穿；在結婚時，人們會根據社會標準來評選對象，也有些人認為男性一定得有車有房才具備結婚的資格。即使社會開始出現不同聲音，例如同性戀或安樂死等議題抬頭，仍然有許多人對宗教觀點深信不疑。

前面提到，我的朋友也嘗試過參加婚姻介紹所，但當她按照婚姻介紹所開出的條件，如年齡、外貌、學歷、職業、居住地等社會觀點來擇偶時，卻發現自己搞不清誰才是真正適合的理想伴侶，反而讓她更加混亂。

你想過什麼樣的生活？哪些價值觀你無法妥協？你追求何種價值？對自己的想法了解得越透徹，選擇就會變得越簡單。

舉例來說，有一家公司願意給予高薪，但工作非常辛苦；另一家公司雖然薪水較低，卻能夠確保工作與生活的平衡。當這兩家公司同時要挖角你時，你大可毫不猶豫選擇適合自己的公司；即便有一台價格昂貴的冰箱，可以在製作法國料理時保持松露的新鮮度，但對我這個沒在下廚的人而言，這台冰箱並沒有實際的用途。只要清楚這一點，購物也會變得很乾脆。

以我朋友來說，她希望找一位聊得來、個性獨立、有深厚內涵的男性伴侶，但婚姻介紹所卻是優先根據職業和學歷來配對，這種尋找伴侶的方式，顯然與我朋友的期望不符。請仔細思考，你是否要以「普遍標準」作為「你的標準」呢？

我想談談珠熙的故事。現在三十多歲的她，過去在高中時期總是考全校第一名，成績相當優異，但由於母親強烈主張「最適合女生的職業就是老師」，在母親的施壓下，她乖乖就讀了師範學校。個性獨立又上進的珠熙，對於大學的氛圍常感到格格不入，與朋友們也話不投機，雖然現在的她真的成為了一位老師，與孩子相處的工作卻無法帶給她任何成就感與樂趣，她對這個職業沒有任何熱情，也不感到自豪。說話風趣、腦中總是充滿各種新奇點子的珠熙，相較於教師，我認為廣告、行銷、企劃等職業也許更適合她。

如果我們不曾深入思考自己的價值觀與目標，很可能因此把人生的決定權拱手讓人；若我們不看重自己的主觀性和個體性，將社會的普遍標準套用在自己身上，並依此做出選擇時，就跟過著別人的人生沒兩樣。如此一來，在臨終前，我們必然懊悔「從沒有活出自己的人生，我一輩子都在配合他人」。所以，不要迎合別人的價值觀，追隨自己的價值觀吧！

美國詩人羅伯特・佛洛斯特（Robert Frost）有首詩這樣寫著：「我將會一邊嘆息一邊述說，在某個地方，在很久很久以後；曾有兩條小路在林中分手，我選了一條人跡稀少的行走，結果後來的一切都截然不同。」

擺脫不自覺的煤氣燈操縱

「男友總是對我進行心理操縱。」

「媽媽從我小的時候，就對我進行煤氣燈操縱。」

不知是從哪一天，「煤氣燈」這個用語開始出現在我的診間。不僅YouTube上出現了「情侶間的煤氣燈效應」相關內容；教養節目中也提到了「親子間常見的心理操縱行為」。

「煤氣燈效應」一詞的起源，可以追溯到1940年代英格麗・褒曼主演的電影《煤氣燈下》。在這部電影中，妻子發現房間的煤氣燈忽明忽滅，而丈夫卻完全歸咎於妻子的錯覺。曾經善於自主思考的聰明妻子，最終相信了丈夫的話，深信是自己的問題，於是精神開始出現異常、對自己的判斷失去信心，漸漸交出了所有決策權，變得極度依賴丈夫。但實際上，這是丈夫為了竊取寶石刻意使出的計謀。像這樣巧妙支配對方的舉動，就是所謂的「煤氣燈效應」。

看穿煤氣燈操縱的手法

所謂的「煤氣燈效應」有一套標準的框架。

第一，存在一位加害者。「煤氣燈效應」的加害者為了達到目的，會試圖扭曲受害者的認知，使受害者符合自己的心意。

第二，存在一位失去自信的受害者。雖然不確定受害者是缺乏自信才被對方心理操縱，還是被心理操縱才缺乏自信。但共通點是，受害者最終會將自己的判斷和決策權交給加害者。

第三，兩人之間存在相互影響的情感空間。例如戀人或夫妻、父母和子女、朋友、職場上司和下屬等，都是容易產生情緒影響的關係，也是較可能發生煤氣燈操控的關係。在情感空間中，加害者很可能時而揮舞鞭子，時而給予蜜糖，使得受害者更難以擺脫煤氣燈操控。

第四，加害者都有一個合理的藉口。加害者會巧妙地用那些藉口來洗腦受害者，例如：「我做這些都是為你好」、「至少要做到這種程度才對吧！」，將這些藉口灌輸到受害者身上，讓他們相信這是一件正確又公正的事情。倘若有所違背，受害者就會產生罪惡感或焦慮感，因此更順從加害者的指令。

第五，加害者會隔離受害者與外界的接觸，不讓受害者聽到第三者的客觀意見。在被隱瞞和扭曲的世界中，受害者被迫活得有如井底之蛙。

雖然過去沒有「煤氣燈效應」這個詞彙，但它也不是突然蹦出來的新議題，只是過去人們並未將這種行為定義為「煤氣燈效應」。現在大眾都認識這個用詞之後，開始用這個詞彙來稱呼這些行為。不論在東方還是西方，自古至今，煤氣燈效應的案例不勝枚舉。

煤氣燈效應不僅存在於個人和個人之間，也存在於個人和組織、個人和國家、個人和宗教、個人和政治之間。某些宗教以煤氣燈效應蠱惑民眾，以維持宗教的長久存續；身分制度也可視為煤氣燈效應的一種體現，因為奴隸只能一輩子賣命工作、如同畜牲被使喚，貴族卻能終身享受優渥的待遇，並推說是註定的命運，這合理嗎？煤氣燈效應有時也會穿上名為「廣告」和「行銷」的華麗糖衣，透過時而直接，時而隱晦的暗示，灌輸觀眾某種價值觀，這種情況至今仍然持續著。

每個人都可能成為
煤氣燈效應的受害者

煤氣燈效應的最終目的是「操縱他人」。煤氣燈效應的加害者將受害者視為實現自己目標的工具。在關係中，存在明確的「甲方」和「乙方」，也就是地位不平等的狀態，加害者不斷揭露並指責對方的缺點，咬定對方做錯了。受害者的自我意識逐漸微弱，加害者的自我意識卻越來越壯大。

或許我們沒有自覺，但每個人其實都希望能夠控制自己和他人。人們之所以追求財富、追逐權力和名譽，最終都是為了擁

有對世界的掌控權和影響力。因此，在不自覺的情況下，我們都可能成為煤氣燈效應的加害者，也可能成為受害者。

為了擺脫煤氣燈操縱，首先需要有「我可能是煤氣燈效應受害者」的自覺。如果有人提出過分的要求和指責，我們應該合理懷疑對方是否試圖操控自己；如果和伴侶共度的時光反而讓你感到孤單，或者和父母相聚變成一種煎熬，請不要忽視你的情緒傳遞給你的信號。

接著，我們需要與眼前的情境拉開距離，以客觀角度觀察。當受害者逐漸失去理性分辨是非的能力，很容易直接相信加害者的判斷。在這一階段，我們應該試著脫離出來，站在第三者的視角看待自己和對方，並做出判斷。

最後，是「採取具體行動」。我們應該與加害者保持情感上的距離，而且試著離開對方。當有人試圖操縱你的想法時，要堅定拒絕並劃清界限，不要陷入加害者設置的陷阱中，以免對方持續企圖說服、洗腦自己。

「煤氣燈效應」一詞之所以會迅速在社會中擴散，或許是因為我們不再願意迎合他人的壓迫，不再願意讓自己淪為他人的工具。我們開始意識到，「活出完整的自己」有多麼重要。**我們生活的主控權本來就掌握在自己手中。我們可以接受別人的幫助，但最終的判斷和決策，應該要由我們自己來負責。**

拒絕淪為客體、變成他人的工具，堅定地站在以自己為主體的世界中。我非常樂見「煤氣燈效應」一詞被大眾廣泛使用。雖然偶爾會出現濫用的狀況，但多虧這個詞彙的出現，我們才有機會學習好好守護自己。

愛與認同是雙向互惠關係

如果想被肯定和被愛的需求得不到滿足，會變得如何呢？

我們似乎一生都在徘徊，追求著被肯定與被愛。不幸的是，這種需求無法靠自己來填滿，絕對需要他人的參與。人是社交型動物，不僅需要有形的社會資源，還需要彼此交換肯定、愛等無形的資產才得以存活。

我在YouTube上搜尋「如何愛自己」時，出現了一種擁抱自己的方法，名為「蝴蝶擁抱法（butterfly hug）」。這方法很簡單：將雙臂舉過胸，手腕交叉形成X形，然後用手掌輕拍自己的胸部。

除此之外，還有各種關於「愛自己」的提案。例如，打造一個自己喜愛的空間，在專屬空間中充分休息；需要多花一點錢也沒關係，買一雙有喜歡圖案的拖鞋；購買杯子或者可愛的小飾品嘗禮物送給自己；就算只是煮一碗泡麵，也不要直接放在鍋裡吃，而是要裝在喜歡的碗中享用。

這些方法蘊含的都是同一個理念，就是「慰勞自己」或者「尊重自己」，上述都是每個人可以輕鬆嘗試的方法。但老實說，我認為這些方法很可能效果不彰，最後多半只是山谷間的空洞回音。

無論如何，我們需要的「肯定」和「愛」，終究得由他人來填滿，只是因為獲得他人的肯定和愛並不容易，才改以替代方案來「自我慰藉」，但替代方案畢竟是替代方案，即使跟著建議去做，也難以感受到「自己是珍貴的存在」。

草率建立的關係
沒有辦法滿足內心

人們需要從與他人的關係中獲得肯定和愛，才能茁壯成長、產生幸福感。在童年時期，父母的存在是絕對重要的；到了求學階段，朋友顯得極其珍貴。在長大成人之前，他人給予的肯定和愛將成為一輩子前進的動力。相反的，若童年沒有獲得父母充分愛護，或者在求學時期經常孤身一人，很有可能為此徬徨，以為只要遇見好人，就可以填補內心的空虛，於是十分渴求周圍人們的關注。

未曾獲得肯定和愛的人，可能會因為他人稍微對自己釋出好意就輕易與人成為朋友、熟人、戀人甚至配偶。然而，這種草率建立起來的關係，無法滿足自己內心真正所需。誰待在身邊就與誰建立關係，如同口渴的人囫圇吞棗喝下有雜質的水，這樣的關係品質並不良好。

然而，**如果我們從未擁有過有意義且高品質的人際關係，那麼我們可能不知道自己喝下的水，究竟是摻有雜質的水，還是純淨的水。**我們可能誤以為社群媒體上的「讚數」非常重要，因此不斷發布聳動的私生活影像來引人注意；微不足道的惡意留言也會使我們沮喪一整天；為了逃避孤獨而與朋友們一起打發時間，然而一回到獨處的狀態，又立即被空虛感淹沒。

真實的自我
自然會散發魅力

迫切渴望他人的認同時，我們會不自覺過著迎合他人的生活。例如，為了得到心儀對象的好感，做出對方會喜歡的舉動，或是努力討好影響升遷的上司。

當我們追求認同感，並努力配合他人時，便是將自己放在「乙方」的位置，甚至經常產生一種錯覺：「我之前好像太為別人著想了。從現在開始，我要先照顧好自己！」這時，不妨誠實問問自己，過去的你，真的總是先顧及他人嗎？是真心為對方著想，還是為了讓對方肯定自己，才在表面上展現利他的態度呢？

自認為是「乙方」的人，通常無法與他人建立平等的關係。奇怪的是，雖然是為了追求肯定才主動採取「乙方」的姿態，但卻往往得不到相對應的回報。「肯定」和「愛」看似單向的施恩，但終究還是需要轉換成「雙方互惠」的形式才行。

即使是父母對子女，也並非只是單方面的恩惠，父母也會在養育孩子時，意識到「這個孩子沒有我不行啊！」而感受到自己的重要性；看著孩子一天一天成長的模樣，也會從中得到慰藉和成就感。換句話說，父母與子女之間存在互相滿足的的需求，事實上是一種互利、互惠關係。甚至，孩子純真無邪的笑容，也是父母得到肯定和愛的一種方式。

然而，處於「乙方」心態的人，不具備如同孩子天真笑容般的魅力，因為這樣的魅力並不是來自於某方面的出色表現，而是當一個人由衷展現真實、自在的自我時，才會產生的魅力。

換句話說，**在獲得他人的肯定和愛之前，首先必須活出真實的自我，並且，以自己獨特的魅力與他人交流，互相提供需求。**取代「自我慰藉」和「自我尊重」等消極的方式，積極走入他人的生活，試著爭取他人的肯定和愛吧！只需要踏實地過好每一天，當你活出真實的自我時，魅力就會顯露出來；當你成為一個有魅力的人，他人的肯定也自然隨之而來。

第 4 章

重整人際圈，建立舒適的正向關係

將重要且有限的時間
保留給「有意義的人」

明知道有毒，為什麼不躲開？

「不要把真心寄託在不對的人身上。」我對智允這麼說。

今天在診間裡，智允再次向我吐露和朋友相處的煩惱。感覺自己被利用的她，持續處在「情緒耗竭（burnout）」的狀態。

昨天，智允的朋友A在約定見面的30分鐘前忽然變卦，A總是這樣我行我素地對待智允。除此之外，每次見面時還總是讓智允買單。我問智允為什麼還要和這樣的朋友保持聯絡，才知道兩年前她和交往許久的男友分手，為失戀所苦的那段期間，A會請她喝酒、安慰她，讓她很感激，所以才一直包容A的為所欲為，演變成如今的狀況。

而智允的另一個朋友B，最近則是寄居在智允家。朋友B原本和男友同居，後來被發現劈腿而不得不搬離住處。允智同情無處可去的B，就讓她暫住在自己的租屋處。然而，對於同住所增加的生活費，B卻一副事不關己的模樣，像是水電費、外送費等，都由智允一手包辦。

智允腦中總是塞了滿滿的擔心。除了擔憂朋友的狀況外，她也得擔心每個月的開銷，還要準備就業，生活壓得她喘不過氣。週末時，智允就算只有打工、沒有做其他事情，也依然感到全身疲憊又無力。

朋友A和朋友B對於智允而言，可以說是「意義剝奪者」（後簡稱「剝奪者」）。他們就像吸取能量的吸血鬼，啃蝕著智允存在的理由和活著的目的，假借「朋友」的名義，實際上卻在利用智允。

剝奪者有以下幾個共通點：

1 不斷指出你的缺點。
2 注重結果而非過程。
3 將你視為自己的工具。

4 忽視每個人的個體性。

5 只重視看得見的明顯行為。

6 吝於分享（無論是物質或精神層面）。

7 不在乎生命的意義和價值。

8 不會感激。

明明知道朋友在利用自己，智允仍然無法對這些關係放手，她害怕失去這些朋友，自己的生活會更孤單，也害怕一旦與她們斷絕關係，再也無法擁有其他深交的友誼。

許多人都是如此，明知對方對自己帶來不良的影響，卻出於某些顧慮而勉強維持關係，或者無法果斷離開。在現實生活中，A和B這種自私的人比想像中還多。**真正難遇到的朋友，是那些可以帶給自己正面意義的人。**

接下來，我們來聊聊奇瑩的故事。奇瑩最近與一個知名網路漫畫平台簽約了，畢業於漫畫相關科系的她，在打工賺生活費時，因緣際會遇到了人氣網路漫畫家C。

C成為奇瑩生命中的一大幸運，給了她好幾個酬勞豐厚的案子，讓她不需要再兼職做其他工作；C也很賞識奇瑩的才華，而且分享了許多自己的經驗，不僅如此，在她參加比賽落選、感到沮喪時，給予她支持和鼓勵。直到現在，奇瑩依然稱呼C為她的「老師」，而不僅僅是一位漫畫家前輩。C是在前方拿著燭火、為奇瑩點亮前途的人。

2022年，韓國鋼琴家任奫燦在美國范・克萊本國際鋼琴比賽（Van Cliburn International Piano Competition）中獲得金牌，成為該獎項至今最年輕的獲獎者。對於他的指導教授孫敏洙，任奫燦表示：「他是我的導師，也是我的信仰。」孫教授之於任奫燦、漫畫家C之於奇瑩，都是「意義賦予者」。

「意義賦予者」（後簡稱「賦予者」）會讓人感受到存在本身的意義，也看見人生的目的和方向，就像在自己身上裝上的強勁電池。若生活周遭有賦予者存在，就會充滿動力，感受到「我是一個不錯的人」而對自己的人生感到滿足。

賦予者的共同特徵如下：

1 總是看見你的優點。
2 注重過程而非結果。
3 認為你的存在本身即具有意義。
4 肯定個體性和差異的存在。
5 重視內在情緒、體悟和思考，而不僅止於行為本身。
6 瞭解分享的美學。
7 在乎人生的意義和價值。
8 懂得表達感激。

不要讓人際關係
消耗你的心力

許多人為身邊的剝奪者而苦惱，例如在Youtube搜尋「自戀型人格」以了解其行為模式與應對方式，但這些行為很可能徒勞無功。因為對我們而言，真正重要的應該是與賦予者之間的關係。然而，要遇到賦予者並不容易。

一方面是在這個世界上，能夠為他人帶來正面影響的人並不多。此外，**和剝奪者距離越近的人，越難遇到賦予者，因為每個人的時間和空間有限**。若身邊已經有對象，其他好的對象自然不會靠近，也因此失去認識的機會。

還有，最重要的一點是，**如果想要遇到賦予者，自己也要先成為對方的賦予者，因為所有人際關係都是「Give and Take」。**漫畫家C看到奇瑩如此努力跟隨自己腳步、奮發向上的模樣，想必也很有成就感；孫敏洙教授也以「令人尊敬的鋼琴家」來稱讚自己的學生任奫燦。對於奇瑩和任奫燦來說，這些「導師」賦予了他們生命的意義。

我們需要具備懂得辨識賦予者的眼光。所謂「忠言逆耳」，如果總是抗拒他人的建言，就很難走向更好的人生，不斷重複過去的模式，一輩子過著差不多的生活。

為了昇華我們的人生，首先應該要整頓人際關係。倘若每天與一群酗酒、愛抱怨且悲觀的人待在一起，他們將會成為你的現在與未來的寫照。你的身邊是否有認真過日子，同時為你的生活賦予意義的人呢？如果答案是肯定的，請繼續和他們待在一起，他們會為你增添翅膀，幫助你朝世界展翅飛翔。

九成以上的煩惱都是來自人際關係

我遇見的患者，有九成以上的煩惱都與人際關係有關。

心理學家阿爾弗雷德・阿德勒（Alfred Adler）有句名言：「所有煩惱，都是人際關係的煩惱。」但其實大部分人去煩惱人際關係是很沒效率的，因為輸入的內容和輸出的內容往往並不相同。舉例來說，如果將蘋果作為原料，合理的輸出結果應該是蘋果汁、蘋果派、蘋果醬。但人際關係卻像是放入蘋果，卻輸出柳橙汁、核桃派、水蜜桃果醬。不僅不符合計算公式，還充滿了不確定性和模糊性。

小時候的我認為，只要自己付出努力，其他人就會肯定我，事情也會按照我努力的程度產生轉機。因此，每當與人發生衝突時，我總是先付出努力，例如誠心誠意以手寫信向朋友道歉，或是向初戀情人承諾「有不夠好的地方，我都願意改！」；在職場上與同事產生疙瘩時，也會主動邀請對方下班後吃飯聊聊，化解尷尬。

後來我才發現，這一切都是我單方面的努力，我從未考慮過對方的想法。例如，朋友可能不想再與我聯繫；初戀對象其實想要和我分手；同事不喜歡跟工作場合認識的人有私交。過去的我只是往自認為有效的方向努力，卻沒有顧及對方的想法。

不能放棄他人
就只能放棄自己

人際關係是很複雜的。無法改變卻又無法放棄，才會活得這麼辛苦。如果不得不二選一，那麼我想建議你選擇「放棄」。因為要改變他人幾乎是不可能的。如果沒有辦法放棄他人，就只能放棄自己；若將他人視為主角，自己就只能降為配角。

因此，讓我們勇敢放棄吧！「他只是跟我想法不同的『其他人』罷了」，與那些個性不合的人維持關係時，保持適當的安全距離；若彼此是必須時常碰面的關係，那麼只需要做好表面上的禮貌交際，不需要刻意建立深厚的關係，也不需要努力讓對方按照自己的喜好改變。

上述這幾句話，聽起來是否有些冷漠？或者讓你感覺少了點人性？那麼，換成以下說法如何呢？——「我將內心的重擔放下了」、「我將一切都放下了」、「我決定接受現狀」。這幾句智慧之言，事實上是來自好幾位六十多歲的婦女、經過三十年婚姻後脫口而出的切身體悟。她們領悟到自己不該期待丈夫改變，選擇接受現狀，經過多年努力後，她們終於體會到「如果沒辦法放棄他人，就只能放棄自己了」。

我們與他人的關係，事實上都處於①傾聽與理解、②同理與溝通、③接納與妥協、④放棄與斷絕，這四個階段之一。在一段關係中，當你確實歷經了全部階段後，才能真正放棄。

①傾聽與理解：與人建立關係的初期，或者情侶剛開始曖昧的階段。在此階段中，聆聽和理解是必備的功課。就算發生了衝突，只要聽聽對方的說法，就不難找到解決之道。

②**同理與溝通**：當朋友或情侶關係變得更深入時，會自然而然進入這個階段。在這個階段中，需要理解衝突的原因，一起努力解決問題。

③**接納與妥協**：儘管對方的缺點很礙眼，依然適度接受和配合，讓關係維持下去。在這個階段中，每當發生衝突時，彼此會互相讓步或妥協以達成共識。

④**放棄與斷絕**：當關係中的雙方完全無法達成共識時，這段關係就需要整頓。這個階段如同合約終止，因為雙方都放棄解決問題。

許多人對人際關係感到煩惱時，多半不願意進入第四階段，而是固守於前三個階段，反覆經歷同樣的問題，在別人身上浪費了相當漫長的時間和機會成本。只有那些終於領悟到自己「無法改變他人」的人，才能朝第四階段前進。

讓我與你分享恩秀的故事。五十多歲的她是位連鎖餐飲企業家，無時無刻都在思考外食相關的趨勢。恩秀曾有一段時間因為人際關係，幾度想拋棄事業、拋棄一切，好在藉由幾次的試錯經驗，她對人的洞察力提高了，學會靈活避開那些不懷好意的人。現在的她，再也不會對別人抱有過高的期望，也能迅速遠離不適合的人，她將煩惱人際關係的力氣全部省下來，全然投入在自己的事業上。

過得自在快樂的人，很少在腦中放入對他人的煩惱。換句話說，即使在上述第一到第三階段遇到難解的問題，也不會為此困擾太久。

用自己內在的正能量與世界連結吧！我們與社會的關係，就像放入柳橙，就能榨出柳橙汁；曬乾柿子，就會得到柿餅。努力學習英語，多益的成績就會提高；認真上課，就可以取得資格證書。就像這樣，與世界的連結取決於自己的努力。將負面關係中被耗損掉的能量全都收回吧！如果將這些能量積極用來建立與社會的連結，我們必能不斷前進與成長。

徵才要面試，徵友也要篩選

二十歲出頭的健宇，話題總是圍繞在交友關係上。他和國小、國中時期的同學們感情最好，但也經常起爭執，讓他非常困擾。某次跟朋友的聚會中，健宇又和朋友起了小爭執，因為這個小爭執，健宇退出了同學會。

健宇娓娓道來自己不喜歡這些朋友的哪些面向，例如有位朋友是「欺善怕惡」型，而另一位朋友是「自私自利」型。基於國中同學這份情誼，加上彼此間擁有豐富的回憶，所以建宇才一直勉強維持著這份關係。他苦悶地說：「不曉得為什麼要一直重複這些衝突，浪費好多時間和力氣，早知道當初畢業後就不要再聯絡了。」

建立在「善良」基礎上的關係

談了一陣子朋友的話題後，建宇突然問起我會和怎樣的人交朋友。有時候會遇到像健宇這樣的人，在診間將對於自己的好奇心轉換成對醫師的好奇，而我這個人一向誠實回答。我反問他：「跟什麼樣的人當朋友才是正確的呢？」我很清楚，健宇之所以問這個問題，並非真的對我的私生活感興趣，而是因為周圍沒有可以回答他的大人。

「我通常會選擇和善良的人當朋友。」我直截了當給出答案。我交朋友的標準並不是看對方對我釋出的「好意」，而是對方本身所擁有的「善意」。「好意」是特別表現的關心，「善意」則是指對待他人一貫的良好品格。即使有人對我表現出許多好意，但倘若在我的標準裡這個人並不善良，我也不會把他當作朋友。

在某次聚會中，一位同齡人來跟我搭訕，說想交個朋友，然而，當我得知他是有婦之夫時，我立刻與他保持距離；在大醫院工作時，有一個人刻意接近我，將我拉進醫院內部的社團，但當我發現他的工作態度傲慢、常常壓榨同事時，我立即退出了社團；我曾在某個組織中被誤會、冤枉，有一位瞭解真實情況的朋友，在他人對我議論紛紛時，卻沒有出面為我辯護，反而一起附和、中傷我。知道這狀況之後，我立刻清除了這段關係。如今我身邊留下的朋友們，都是在很長的期間中，通過我嚴格考驗的人們。

「以『善意』來交朋友」是相當高的門檻，要通過這個門檻才能進入自己的圈子中。找到一位「擁有善意的好人」沒有那麼容易，但是，只要遇到這樣的人並把他們留在身邊，他們就會像璞石中閃閃發光的鑽石，隱隱約約散發著光芒，並將光芒分享給你，成為人生中的貴人。**當你把善良的人留在身邊時，你就可以生活在一個互信互賴的安全世界中。**

當然，在二十多歲時，我也曾因為人際關係而困擾、受傷，「那個人怎麼會這樣？」對這些反覆出現的問題頭痛不已；我也曾在人際關係中，被迫遇上不樂見的衝突。然而，隨著年齡的增長，我改以善意作為評價人的標準，斷絕不適合的人，建立新的人際圈，如今才能專注經營這些有意義的人際關係。

當你以善意來評價他人時，不需要害怕與某些人「絕交」。「絕交」也不代表要公然宣布斷絕聯繫，只需要與對方逐漸拉開距離即可，並非難事。

除了詢問我喜歡和什麼樣的人交朋友，健宇其實還提出了另一個問題：「我認為評價別人是不對的。我算哪根蔥，怎麼能評價別人呢？」

針對這個問題，我是這樣回答的：「一路以來，我很努力去瞭解他人。當然，不需要對每個人都這樣做，**但至少對於進入我的圈子中的人，我很努力去瞭解他們是什麼樣的人**。在挑選職員或結婚對象時，仔細挑選並沒有錯，不是嗎？即便有時候會判斷錯誤，但這些經驗也會逐漸累積成無形的資產。」

除了適當整頓關係之外，還有一點很重要。那些本身具有「善意」的人，我會察覺到他們對我表現出的「好意」，並緊緊把握住這份好意，毫不猶豫、積極回應！對於善良的人，我也會先伸出手，積極對他們表達好感。如果有人問我究竟是哪來的福氣可以遇到這些人？我會毫不猶豫地説這是「貴人運」。有這麼好的人成為我的家人、我的閨蜜、我的朋友，我由衷感激。

良好的人際關係
需要明智的選擇和經營

我們常常白費力氣在試圖改變他人。「為什麼媽媽要干涉我、控制我？」我們可能都曾經思考過這個問題，也想試著改變家人，但家人卻不曾改變。「為什麼經理對人這麼傲慢無禮？」有些人讓我們難以理解，而且隨著時間流逝，不合理的舉止也只是更加惡化。

這時，我們能做的只有「調整距離」，只要調整好與他人的距離，就可以降低受影響的程度。讓自己深感困擾的朋友，可以立刻與他斷絕關係；若伴侶間只剩下折磨，也可以選擇離婚，走向各自的人生道路。

依照自己所渴望的，試著主導人際關係間的距離吧！將善良的人攬進自己的世界，將不善良的人擺放到化外之地。傾注時間和精力，與具有良善品性的人建立關係，並專注經營與他們的交流吧！在人際關係中，明智的選擇和專注的經營比任何事都更為重要。

人生第二季的角色分配

要與什麼樣的人建立關係才會幸福呢？我們無法選擇家人，因為家人是與生俱來的連結。然而，朋友或伴侶是可以選擇的，這是上天賜予我們的福分。與生命中既定的第一季不同，第二季可以由自己來創造。出生於不幸的家庭固然遺憾，難免也會怨天尤人，但絕對不要因此放棄第二季的人生。方法並不難，結交好朋友、認識好的伴侶，讓好人待在自己身邊即可。

針對「與怎樣的人相愛會感到快樂？」這個問題，我曾經看過一個極富洞察力的見解。有人根據自己的戀愛經驗提出如下建議——**和跟自己的「怒點」和「笑點」相似的人交往**，和這樣的人交往時，最容易感到幸福。

讀到這個見解時，我不禁拍手表示同感。仔細一想，那些默契絕佳、個性很合的情侶，他們似乎都擁有類似的「怒點」和

「笑點」。關於這個部分，可以用心理學家公認的「Big-5五大性格理論」來說明。

Big-5五大性格理論彙整了描述人類性格的詞彙並進行分析，發現人格特質可以用以下五大要素來概括：

	分類量表	偏高的人	偏低的人
外向性	樂觀、積極、喜愛社交、活躍、追求樂趣	與人們相處融洽且熱情洋溢	與人們相處不太融洽，安靜寡言
親和性	信賴、誠實、利他主義、配合度、柔和	容易相信他人和投入感情	不太喜歡與他人共同合作，表現出敵意
盡責性	能力強、秩序、責任感、勤奮、自我節制、謹慎	做事有條理且自動自發	衝動且粗心
情緒性	焦慮、擔憂、焦躁、敵意、憂鬱、自我意識過剩、衝動、容易受傷	容易產生壓力，也容易擔憂	情緒穩定
開放性	富有創意、不墨守成規、想像力豐富、充滿好奇心	有創意又創新	在乎實用性且偏向保守

一段關係能長久的關鍵

2002年，加拿大心理學家邁克爾・C・阿什頓（Michael C. Ashton）和韓國心理學家李基範提出了一個名為「HEXACO」的六大性格模式，將傳統的五大性格理論中的五個要素擴展成六個要素，新增了「正直-謙虛」這一個要素。

「HEXACO」這個名稱是由六個要素的英文首字母構成，分別是正直-謙虛（Honesty-Humility）、情緒性（Emotionality）、外向性（Extraversion）、親和性（Agreeableness）、盡責性（Conscientiousness）、經驗開放性（Openness to Experience）。

在「正直-謙虛」這個要素中得分高的人，個性通常較為認真、正直、可靠、敦厚老實和謙虛，而得分低的人則可能具有狡詐、貪婪、虛偽和傲慢的特質。研究人員使用「HEXACO」測驗來測量好朋友之間個性特徵的相關性。

有趣的是，好友間的外向性、親和性、盡責性和情緒性，這四點並沒有顯著的關聯性。換句話說，一個人是外向還是內向，對他人友好還是敵意強，有多麼盡責且擅於規劃，或者個性是否謹慎、容易焦慮……這些都不影響我們與他人建立緊密的關係，真正有較高相關性的，是「正直-謙虛」和「開放性」這兩個要素。

換句話說，只有對於正義和公平的標準（正直-謙虛）相似時，才能成為真正的朋友。而與正義和公平，也就是與我們的價值觀相關的，正是我們的「怒點」。

舉例來說，對於「選舉期間無償供餐是一種福利，還是為了獲得民心的手段？」，擁有同樣觀點的人們更容易成為朋友。這其中包含政治、宗教、歷史觀、哲學，以及其他個人價值觀。再如，認為「炒房、非法遷戶口、非法逃稅」等行為是理所當然的夫妻之間，不太會發生爭執。「只要可以賺錢，違法也沒關係」擁有這類理念的人們聚在一起時，就會毫無顧忌採取非法行動。

反之，重視「分享」和「共享社會」價值的人們，則會一同支持公平貿易，擔心地球環境議題，齊心協力一起實踐生活中的小事。彼此抱持相同信念的人會成為盟友、互相保護，**在成熟、負責任的成年人世界裡，只有當彼此對世界的看法相似，也就是「怒點」相似時，才能成為真正的朋友。**

另一個關鍵要素「開放性」則屬於玩樂文化的一環，對應的是我們的「笑點」。

開放性高的人，喜歡探索知識、充滿好奇心；反之，經驗開放性低的人，對熟悉的活動表現出較濃厚的興趣。前者對新的文化敞開心扉，後者滿足於既有的習慣。普遍來說，作家或藝術家的開放性分數較高，好奇心強、不斷吸收新知識，並拒絕固守傳統，渴望創造出自己的世界。

夫妻之間如果常抱怨彼此的對話無趣，往往是因為彼此的開放性標準相差太大。**彼此享受並感受世界的方式必須要相似，也就是「笑點」必須相似，交流時才會充滿樂趣。**

許多人往往在童年時期和同一社區、同所學校的人成為好友，因為同儕之間有類似的玩樂文化。但漸漸成年後，「怒點」不一致的狀況就會浮出水面。隨著年齡增長，人與人之間交往的另一個指標——看待正義和公平的「怒點」也逐漸成形。

學生時期因為同樣的「笑點」而成為朋友的人們，在長大後可能漸行漸遠；而即使彼此的「笑點」完全不同，但「怒點」相符的人們，也可能會越走越近。這都是正常現象。反之，年齡增長後仍只透過「笑點」結識朋友，才是致使許多人「儘管這段關係讓人疲憊，也不願意結束」的原因。

人生的第二季由自己創造

人生的第二季應該由自己來創造。與「怒點」和「笑點」相符的人打交道、建立友誼吧！一個涉及價值觀，另一個則跟生活的樂趣有關。為了自己的幸福，我們不應該放棄其中任何一個。隨著年齡增長，周圍的人進行大換血也是自然的現象。不要因為有人離開而悲傷或惱怒。人們在成長、產生變化的同時，人際關係也自然需要重整。

只將「怒點」和「笑點」契合的人留在身旁，代表我們決心度過「忠於本質」的生活。僅存責任的家庭、沒有情感交流的夫妻、總是進行膚淺談話的朋友，這些家庭、夫妻和朋友之間只存在著形式，卻不存在意義。讓我們脫離流於形式的世界，邁向自己所選擇的本質世界吧！如果再加入憤怒和幽默這些調味料，那麼，這個世界將變得更加理想、更加多采多姿。

帶來愉快生活的人們

MBTI人格類型測驗如今風靡全球。現在人們在自我介紹的時候，除了分享自己住在哪裡、幾歲之外，也會一併提到自己的MBTI類型，有些人甚至會透過MBTI的匹配度，來評估彼此是否合得來。

然而，MBTI相符與否，對於結交朋友的影響程度通常不大。像是我和丈夫的MBTI類型就完全不同，我們分別是INTJ和ESFP，但我們婚姻生活卻十分和諧、沒什麼衝突。這歸功於我們在看待相同情境時所產生的「感激」和「歉意」程度相近。為了建立和諧的關係，我有一些堅守的標準。

道德觀為什麼重要？

在評價一個人時，首先應該關注的是那個人的道德觀。換句話說，我們應該看的是對方的利己和利他程度。

這個人是否會為了自己的利益而犧牲他人，並且視為理所當然？只要沒被發現，違法也沒關係？平時會避免對他人造成困擾嗎？是否具有守法意識和社會奉獻意識？我們需要仔細觀察這些部分。

在新聞事件中，讓十歲姪子窒息而死的阿姨和姨丈、虐待領養孩童致其腦出血的養父母、遺棄剛出生兩週的嬰兒導致其喪命的二十多歲夫妻……在各種可怕的虐兒案件中，有很高比例的加害者都是父母。只要丈夫和妻子至少有一人具備最基本的道德感，孩子或許就能活下去。

因為噪音問題大聲辱罵並傷害鄰居的人、犯下致命約會暴力事件者，以及非法進行性交易的人，他們也都缺乏道德感。因此，若在人際關係中遇到問題，與其盲目嘗試與對方溝通、同理對方，我們更應該先花心思看清對方是否擁有基本的道德感和人格標準。

我曾經在網路上看過一篇文章，作者才剛進入熱戀期，卻意外發現自己的戀愛對象是某個奇怪社群的成員，讓他猶豫是否該繼續交往。網友的回應也很熱烈，像是「我個人一律建議分手」、「這有什麼好問的？」、「自己判斷吧！」等等，這也是基於道德標準的差異而引發的衝突。

同樣的，如果對方在駕駛時面對突發狀況的反應異常激烈，或者對待下屬的態度粗暴無理，就應該仔細檢視對方的道德觀，並決定是否保留這段關係。努力跟這種人溝通、試著理解並改變對方，但這些努力卻化為泡影時，反而會讓我們產生「我很無能」、「這世界讓我好痛苦」等負面感受。要記住，我們無法改變他人，我們能夠改變的唯有自己本身。

擁有相似的價值觀
才會朝相同方向前進

除了道德觀之外，第二重要的是要評估對方的價值觀。價值觀主要指的是個人的哲學、思想、選擇偏好。只要掌握對方看重的是何種價值觀，就可以省去不必要的溝通和同理力氣。

最容易瞭解的價值觀是政治傾向和宗教信仰，因為人們的政治傾向和宗教信仰不易改變。我曾聽過一位病患說，他有位支持保守黨的父親，某次他跟父親針對政治觀點爭論，最後竟被父親打耳光，他當時受到了相當大的震驚。

宗教信仰也是如此。宗教信仰不同的人，最好從一開始就避免談論有關宗教的事情。奇妙的是，政治和宗教都屬於穿著理性外衣的感性議題，如果企圖用理論或邏輯來反駁對方，多半是徒勞無功。

除了這兩個領域之外，很多日常生活中的問題，也容易因為價值觀而產生衝突，例如丈夫不想將公寓作為投資用途，想要自己住，但是妻子卻想透過買賣多套公寓以增加資產，兩人間必然會產生衝突。

認為幸福來自於人際關係的人、認為幸福來自於自由的人，以及認為幸福來自於經濟實力的人，都會朝著不同的方向前進。

有一份關於「理想交往對象」的問卷調查，許多未婚人士都表示「希望找到能夠照顧自己的人」。人們在戀愛或結婚時，通常會將「對自己的關心和照顧」放在首位，而將「價值觀」置於其次。然而，**真正決定一個人生活方向和最終目標的，其實是他們希望過怎樣的生活，以及他們所擁有的價值觀和人生哲學。**

假設伴侶希望兩人擁有同樣的宗教信仰，另一人就必須努力改變自己原有的世界，然而，這與喜好或個性是完全不同層次的問題。MBTI人格類型可能會隨環境和年齡而改變，但人的道德觀和價值觀幾乎不會改變。

因此，**在建立人際關係時，只要將道德觀和價值觀作為重要的審核標準，就不容易對自己的選擇感後悔。**如果對方在這兩方面與自己落差很大，就不必勉強自己去理解對方。沒有必要對所有人都感同身受，也不需要理解每個人。光是要同理並包容身邊重要的人，人生就已經夠忙碌了。

控制的地獄中只有受害者

最近到哪都能聽到「控制狂（control freak）」這個詞，指的是希望所有事情都按照自己意願進行的人。控制狂渴望支配和控制他人或環境，當他人的行為違反自己的標準或原則時，就會指責和貶低對方。

三十多歲的全職主婦在妍，今天也依舊抱怨起她的丈夫。在妍指責丈夫下班後只顧著玩手機遊戲，不陪伴孩子。其實不只是打遊戲，她對丈夫的飲食習慣和穿著也頗為不滿。丈夫下班後想要立刻洗澡、吃飯並休息，但在妍想要讓丈夫吃到熱騰騰的飯菜，因此會等丈夫到家才按下電鍋的煮飯鈕。她充分考量五大營養素做菜，但她的丈夫習慣只吃一道主菜，不會連配菜一起吃；在妍希望丈夫的穿著整齊俐落，但身為工程師的丈夫喜歡穿方便工作的衣服，兩人每天早上都在為此爭執。在妍總是抱怨丈夫不按她的意願做事。

進行伴侶諮商時，大部分都是其中一方硬拉著另一方參與。在妍和丈夫的狀況也是如此。在妍有強烈的控制欲，她威脅丈夫，如果不一起接受伴侶諮商，她就要離婚。

身邊有這樣的控制狂，生活起來想必十分疲憊。父母如果是控制狂，就會試圖左右子女的生活；配偶如果是控制狂，則會無止盡地抱怨。試圖控制對方的人，其實自己也很煎熬，但是被控制的對象，也同樣倍感困擾。而且，我們終究無法透過壓迫和控制來改變他人，這不僅徒勞無功，還會使彼此的關係更加惡化。

控制狂在妍在丈夫面前扮演的並非妻子的角色，而是母親。雖然她自己沒有意識到，但她其實不希望丈夫成為成熟的一家之主或伴侶，而是希望丈夫成為一個言聽計從的乖兒子。她不斷對丈夫嘮叨，甚至強迫他參加伴侶諮商，即便丈夫並不願意。在妍並不曉得，試圖控制對方就像在沙灘上堆砌沙堡，無論多麼努力，沙堡終究會在潮起潮落中消失得不留痕跡。

我問在妍：「一直重複相同的話，丈夫有因此改變嗎？」她說，雖然沒有完全改變，但只要她不斷叨念，丈夫最後就會不得不聽從。我又問她，有沒有考慮按照丈夫的期待提前做好飯菜？在妍回答說，她的丈夫很挑食，飯菜一定要是熱的才願意多吃幾口，所以行不通。我接著問，是否考慮過只準備一道主菜，少做幾道菜？這樣不僅可以減少工作量，丈夫也能吃得很開心。但她回答這樣會營養不足，還是不行。

這些行為其實源於在妍的焦慮感。焦慮程度越高，控制欲也越強。在妍的父母在她童年時期離異，她只能輪流在各個親戚家居住。在這種無法掌握的環境中長大，讓她總是感到焦慮，也只能看親戚們的臉色度日。因此，即使結了婚，一旦事情超出她的掌控，就會湧現強烈的焦慮感。

想控制他人的欲望
會讓自己受苦

我們不能、也不應該控制他人。有許多人遺忘了這個真理。我們無數的嘮叨，終究只是為了控制對方，讓對方配合我們的心意行事，但這與婚姻生活的幸福毫無關聯。飯菜是否變冷、喜歡何種配菜，這對於婚姻生活的影響微不足道。反之，**刻意為了婚姻幸福而改變，反而會讓自己變得更加不快樂，因為家庭的幸福，並不完全等於個人的幸福。**

人類的最小單位是「自己」，唯有當自己感到幸福，下一個單位——「家庭」才能幸福。因此，我儘可能不對人嘮叨。若沒有造成太大的問題，我不會要求對方改變行為，更不去干涉對方的基本習慣和自我意識。例如，我的丈夫不會先把襪子翻面再放進洗衣籃，這和我的習慣不同，我試著唸過兩次，但他沒有改變，於是我就放棄了。

自從我意識到「這個人不會把待洗衣物翻面」後，我就直接將他的襪子放進洗衣機中，讓襪子在這個狀態下清洗完畢，再直接放入烘衣機，讓丈夫自己去找他的襪子，也讓他按照自己的規矩把襪子收回他的抽屜裡。不管丈夫的襪子翻面與否，那都是他自己的事。

我和丈夫的衛生觀念也不相同。我不是一個特別愛乾淨的人，所以即使家裡積了點灰塵，我也不太在意，但對丈夫來說，家裡必須一塵不染。丈夫同樣不會對我嘮叨、要我打掃家裡，如果有需要，他會自己用吸塵器打掃。也許正因為如此，我們幾乎不曾為了微小的家務事爭吵，即使出現了大問題，我們也會理性表達各自的想法，而非試圖改變對方，所以我們夫妻很少起爭執。

在我寫作的這段時間，丈夫帶著兒子去探望我的娘家和婆家，並打理家中大小事。因為丈夫很清楚我在寫作期間需要集中精神、情緒變化也比較大，而且這時距離交稿期限也近了。丈夫體貼的行為，不僅是一種對我的關愛，同時也是一種「不要求我改變」的態度。

當有人問我喜歡丈夫的理由時，我總是毫不猶豫回答：「因為他讓我可以做自己」。他不會強迫我去承擔我不願意擔任的義務和角色，在任何時候都給予我支持，讓我不輕易放棄自己。不過與此同時，我也努力給予丈夫同樣的支持。丈夫並不想要只為了家庭而活，他不希望失去自己的價值觀、哲學、熱情、好奇心和他獨特的風采。他也建議我，身為一位精神科醫師和作家，不要輕易向世俗妥協，要過俯仰無愧的人生。

我們不應該試圖控制別人。控制他人一點意義都沒有。你可以把馬拖到井邊，卻無法逼馬喝水，同樣地，試圖控制對方的人，無法觸動對方的心，也無法改變對方。**我們不應把自己的焦慮轉移到他人身上，這只會讓他們也一起陷入困境。相反地，如果我們能夠讓對方成為最真實的自己，那麼自己和對方的世界都會變得更加寬廣、豐富。**

你有不理解他人的權利

「那個人為什麼要這樣？」

「你怎麼可以這樣跟我說話？」

「他太自我中心了吧？」

遇到言行失禮的人，每個人心裡都會冒出同樣的疑問。假設是在學校或公司等公共場合，那倒不礙事，只要離開那個地方就可以拉開距離。最難以忍受的，反而是在親密的關係中遇到不舒服的狀況，舉例來說，如果是家人，就會反覆在內心質問：「為什麼媽媽都把氣出在我身上？」「為什麼老公對我說話這麼刻薄？」「為什麼老婆完全不理會我的想法，永遠只有她說的對？」大多數的人在家人讓自己感到困擾時，會先強迫自己去理解對方。

為什麼面對造成我們困擾的人，我們卻需要努力理解對方呢？有時候，與其說是真心在乎對方的心情，其實我們更想確保的是「選擇原諒和接納對方」的合理性。這樣的情況並不少見。有些人被劈腿時不斷探究對方出軌的原因，也是出於內心渴望一個原諒對方的理由。為了理解他人，我們最常使用的方法，就是傾聽並挖掘他人一路以來的故事，藉此推斷他們現在之所以如此，可能與過去遭受過的傷害有關。

事實上，**「過度」努力理解他人，只會白白消耗能量，變得更加疲憊。在人際關係中，我們需要的是客觀看待整體狀況的能力，而非不斷沉浸在他人的故事裡。**

在「諒解」背後的
隱性暴力

與任何人之間的關係，都是此時、此刻、此地的事情。難道因為老闆兒時遭受家暴，就能隨意辱罵員工嗎？難道因為今天早上和老公吵架，就可以對同事亂發飆嗎？即使主管原生家庭不睦，現在妻子又鬧離婚，仍然不可以理直氣壯發洩怒火。這就如同在路上被陌生人打巴掌，卻過兩條街才開始哭哭啼啼，實在莫名其妙。連本人都無法消化的情緒垃圾，更不應該期待別人來處理。沒有人有義務去承接他人的垃圾。

話雖如此，生活中還是很常遇到被迫得理解別人的情況。假設你一心渴望在職場上晉升，不惜犧牲週末加班工作，卻發現自己在人事稽查中落馬，明明應該輪到你升職，主管卻讓老闆的親戚接任該職位。如果在此時，主管告訴你：「你也知道，老闆本來就很照顧家人嘛！請你多諒解。」聽到這些話，你會有什麼感受呢？

我們經常在無意間希望對方「諒解」，但是這句話其實潛藏著暴力的一面。「諒解」不該是強迫性的選擇。「請你諒解」表面上聽起來是在建議對方「包容現況」，實際上卻跟霸凌沒兩樣，真正的含義是——「你應該放棄你不舒服的情緒，也放棄認為這一切很不合理的想法」。美國心理學家曼紐爾・史密斯（Manuel Smith）有句名言：「你有權利選擇不理解他人」，我們更需要銘記的是這句話。

不要放大他人
也不要縮小自己

身為一位精神科醫師，基於職業需求，需要努力去理解每一位病患。但除了像我這樣的特殊情況之外，每個人只需要理解自己的故事就夠了。

「為什麼我離不開愛出軌的丈夫？」、「為什麼我這麼依賴丈夫？」比起反覆思考這些問題的答案，我們更需要做的是深入理解自己「為什麼無法好好表達想法，總是看別人臉色？」、「為什麼負面的聲音讓我這麼痛苦？」把珍貴的時間花在自己身上。但現實中，我們總是顛倒過來，努力理解那些侵犯他人界線還粗魯無禮的人，卻不願意檢視自我。我們的情緒正在吶喊「我好不舒服！好痛苦！」我們卻選擇關上耳朵。

每個人的能量有限，如果不斷接收他人的負面能量，就會使自己內在的正面能量枯竭。在我們的腦海中，用來剖析狀況和整體脈絡的客觀與理性，其實比想像中還沒有存在感。

當我們能夠以客觀與理性去檢視事件脈絡，充分思考，往往可以輕易發現「對方多麼無禮，而我多麼冤枉」的事實。然而，我們卻不斷試圖理解對方，反覆從中尋找自己的錯誤。試著以更客觀且合理的角度來看待他人和自己的情緒吧！唯有如此，我們才能在這個共存的世界中找到幸福。

第 5 章

發現生活的喜悅，盡情活出自由的人生

做自己的生命主宰
串連每一個幸福的瞬間

消滅空虛感的最佳解方

「我的憂鬱症沒有好轉。這個藥物似乎不適合我。」

面對要求更換藥物的李景，我問她：

「最近睡得不好嗎？」

「沒有。」

「在進食方面有出現什麼問題嗎？」

「沒有。」

「覺得全身無力嗎？」

「沒有。」

「注意力或記憶力有衰退的傾向嗎？」

「也沒有。」

根據憂鬱症檢測量表，李景並未患有憂鬱症。

於是我繼續問她：

「您並不是感到憂鬱，而是覺得生活沒有樂趣，對吧？」

「對，人生真的毫無樂趣。」

「您覺得活著很空虛、毫無意義，對嗎？」

「沒錯。我不知道自己為了什麼而活。」

有些人會將無聊和空虛的感受視為憂鬱症，試圖依賴可以輕鬆取得的藥物來解決。我告訴她，抗憂鬱藥物並不能使無聊和空虛的感受消失，這也不是倚賴藥物就能解決的問題。我也進一步告訴她，「要求更換藥物」已經不是抗憂鬱的醫療行為，而是一種毒品濫用。有些人在生活枯燥乏味時，會透過毒品尋求刺激和快感。這是相同的道理。「空虛」是必須由自己來解決的問題，無法倚賴外物處理。

空虛感之國的共同語言

李景最常說的一句話就是「我不太清楚」。當我問她與丈夫的關係如何時，她回答「我不太清楚」；當我再問她對婆婆過度干涉生活的感受如何時，她依然回答「我不太清楚」。之所以如此，是因為她從小就受到父母嚴格的管教和評價，從未按照自己的意願生活過。

她一直按照父母的要求，成為兄弟姐妹的表率，當個順從而體貼的女兒和姊姊。不成熟的母親把她當作情緒的垃圾桶，整天向她訴苦；她也始終遵循婆家對媳婦的嚴格要求。

沒有人真正關心她的生活，她也從來不關心自己是誰、自己喜歡什麼。「我要當一個好女兒、好妻子、好媽媽」，她的腦中只充滿這樣的想法。李景並不清楚自己是怎樣的人。從來沒有人問過她渴望什麼，也沒有人建議她應該多為自己著想。直到某一天，她哭著問自己：「我的人生究竟是為了什麼而活？」

經常感到空虛的人，習慣把「我不太清楚」掛在嘴邊，當被問到喜歡或討厭的事物時，回答總是千篇一律。即使再縮小問題的範圍，例如喜歡的朋友、藝人、興趣等，仍然會回答「我不太清楚」。**不知道自己喜歡什麼的人，無論做什麼都會覺得無趣。**日復一日，不曉得自己想追求什麼。

「其他人不也都這樣嗎？」、「生活不就是如此，有什麼特別的嗎？」對生活感到空虛的人，很常說出厭世的言論，甚至假定其他人也過得差不多，認為日子本該平淡無奇。

勇敢面對自己的欲望

提到「俄烏戰爭未來會如何發展？」的問題時，「我不太清楚」或許是個誠實的回答。然而，被問到與自己相關的事情，例如個性、興趣、合得來的類型時，仍然回答「我不太清楚」，那就顯得對自己不夠瞭解。知道自己喜歡什麼、追求什麼的人，往往也非常清楚自己的欲望。而**能夠清楚自己的欲望，並且將其實現出來，則是一種幸福。**

當然，每個人的欲望各不相同。有些人想要賺大錢，有些人想要增加社群粉絲數。不管是什麼都可以，只要不傷害到其他人就行了。「擁有欲望」表示對人生懷抱積極的野心。如果你沒有想擁有的人事物，生活就會變得乏味無趣。因此，我們應該過著「充滿欲望」的生活，才能活出想要的人生。

不過，光是懷抱欲望還不夠，這些欲望需要被實現出來，才能夠真正感到幸福。為此，我們需要付諸努力。想變得富有，就需要努力賺錢；想當成功的YouTuber，從企劃、剪輯到行銷都需要費力。為了實現自身的欲望，努力無疑是必要條件，先付出努力，之後才會再進入下個階段。

當你進入「瞭解自己的欲望，也正在努力實現」這個階段時，自然會感到充實。你開始期待明天，認真計劃和執行當天的工作，感覺每天的時間轉瞬即逝。你的世界將不再單調乏味，而是多采多姿、充滿樂趣。

我認為，即使是目前對生活感到空虛的人，內心一定也還埋藏著欲望。不過，瞭解自己欲望的過程，並不僅僅是個過程，我們還會在這段路上更加認識自己，包含「我是為了什麼而活？」、「生命的意義與價值為何？」等。所以，試著瞭解自己喜歡、想追求的事物吧！當我們追求的人生意義和前進的方向一致，將能夠感受到，身而為人的最大滿足。

此外，當我們瞭解自己喜歡什麼、在追求什麼時，我們也獲得了堅定說「No」的能力。因為知道自己想做的事情，所以面對抉擇時能給出明確的答案，「好」或「不要」、「想做」或「不想做」。「我不太清楚」這個回答將會徹底消失。

從今往後，**避免習慣性回答「我不太清楚」，練習表達自己吧！**如果平常沒有機會回答關於自己的問題，可以拿出一張紙，試著自問自答。關於自己的個性、自己的目標、喜歡的事物、討厭的事物、想擁有的東西等，剛開始心中可能會不斷浮現「我真的不知道！」的想法，但只要花更多時間慢慢挖掘，你會發現內心其實有許多話想說。

透過以上方式，慢慢為原本單調無味的生活添加色彩吧！當無趣感和空虛感無處容身時，有趣的日子將會翩然降臨。

與人建立良好連結的共感能力

與人聊天時，有一種類型的人常使我們疲憊不堪，那就是無論談什麼，總會將話題導向自己的人。當你說出自己的困難，他們會以自己的困難作為回應，讓你閉上嘴巴。這樣的人也可以說是缺乏共感能力。我們在安慰他人時，應該試著以對方的耳朵來傾聽、以對方的眼睛來觀看、以對方的內心來感受，這種態度就是所謂的共感能力。

當我們感到痛苦的時候，倘若有人能夠設身處地、以溫暖的視線看待我們，我們就可以因此獲得龐大的力量。這是因為我們感受到「我的情緒和想法沒有錯」的認同。這種共感的力量，甚至超越了單純的安慰，能轉化成對自身存在的肯定感。我們的存在本身就很有意義，並非因為我們做了什麼才有意義。正因如此，我們渴望與那些能夠賦予我們存在意義的人建立真正的關係。

通常在扮演父母的角色時，我們更需要共感能力，尤其是在對待還無法明確表達的幼兒時。讓我們想像一個情境：一個嬰兒正在哭泣，他已經吃飽了，也換了乾爽的尿布，室內溫度舒適合宜，但他仍然哭個不停。於是，父母開始檢查嬰兒服的標籤，確認是否刮傷身體，仔細觀察孩子全身上下。

處於這個階段的父母，大多會盡力發揮共感能力，讓孩子感到舒適。然而，一旦嬰兒期過去，父母的共感能力就必須進一步提升，能夠「察覺孩子的情緒和思考」。因為接下來，孩子的「自我」將開始萌芽。父母需要學會分辨孩子何時感到難過或快樂，並觀察孩子性格中的優缺點、特質和才能。

如果父母的共感能力無法隨著孩子成長而進化，孩子可能會因此受傷，並在成長過程中感到孤獨。例如，孩子明明想讀藝術學校，父母卻不顧孩子的意願，只是一味督促他提高成績，暗示他們未來要成為法官或檢察官；又或是得知孩子的朋友家境不佳，就告誡孩子「這朋友對人生沒有幫助，要保持距離！」這類父母，顯然缺乏共感能力。

在我們的社會中，許多孩子只能在「符合父母的渴望」或「符合父母的社會期待」的框架中成長。因為從小處於這樣的環境，他們對自己的情感和想法缺乏自信，不清楚自己真正喜歡什麼。即使成年了，也依然不確定自己是否走在適合的人生道路上，自尊心通常較為低落。

擅長共感之人的特徵

願意用心聆聽他人的故事，並能夠輕鬆從對方角度感同身受的人，通常在人際關係方面表現卓越。因為我們常常被那些樂於傾聽、接納我們情感的人所吸引。這種能力在公共領域體現為「領導力」，而在私人領域中，具備這種能力的人在擔任朋友、伴侶和父母的角色時，也擁有顯著的優勢。

共感能力良好的人，通常具有兩個特徵：

第一，擁有豐富的經驗，並曾經得到他人的同理。唯有自己的情感和想法曾經被理解過的人，才能夠對他人也表現出共感。那些由性格溫暖的父母撫養長大的人，同樣也會給予自己的孩子相同的溫暖。由於他們從小就被允許自由觀察、感受和體驗，這種共感能力會自然內建在他們心中。同樣地精神科醫師在專業培訓期間也會接受心理諮商和心理分析，除了能更深入理解自己的潛意識和心理動力（psychodynamics）之外，也是為了透過換位思考來理解病患的立場。

第二，具備自我理解和自我覺察的能力。如果連自己的情緒和想法都搞不清楚，又怎麼能讀懂他人的情緒和想法呢？美國心理學家威廉・詹姆斯（William James）將「自我」分為「I」和「me」兩個層面。me 是指「以第三人稱視角觀看的自己」，例如畢業學校、居住地等「客觀資訊」；而 I 則代表「自我的本質」，例如興趣、喜好、重視的價值觀、追求的生活樣貌等「主觀資訊」。

看見對方的本質
創造有意義的交流

只有深刻理解並追求自身本質的人，才能夠真正洞察他人的本質。另一方面，那些總是依賴客觀數據來評價別人、喜歡比較和排名的人，往往也會用「排名」來衡量自己，對自身的內在本質，即「I」的狀態不甚了解。

與此相反，那些清楚自己的本質，也就是「I」的人，通常會與本質相似的人交往，並在交流中感受到心靈上的共鳴。只有當自己的「I」與對方的「I」相遇，才能建立真正的人際關係。當你的世界與對方的世界相遇，共同創造出更廣闊的新世界，這是只有追求本質的人才能理解的獨特體驗。

在與他人相處時，試著從對方的角度來看待問題。如果對方的本質與你相符，他會真心關心你最近的興趣，關心你是否因某些事情而感到困擾。只要有一個真心關懷、能夠共感你的人，生活就還算過得去。讓我們專注於探索象徵本質的

「I」，而不僅僅是客觀視角中的「me」。試著了解自己喜歡什麼、追求什麼，這樣你將能夠更清晰地看見他人的本質。

無法理解自身本質的人，同時也無法看見他人的本質。遇到有人對自己稍微好一點，就樂意與對方建立關係，或者僅憑外在因素火速結婚，最後再因性格不合而離婚。

如果無視本質的重要性，即使有朋友，也可能感到空虛；即使有伴侶，也可能感到孤單。許多人為了排遣孤獨而盲目尋找朋友或愛人，甚至在適婚年齡草率結婚，將對方視為「手段」。這樣是不對的。

人與人的關係，是「你」和「我」兩個主體相遇後，成為彼此的目的，看到彼此的本質。這樣才能建立雙方都快樂的健全關係，實現「一加一大於二」的驚人魔法。珍惜那些能夠共感你的人，並讓自己成為對方願意留在身邊的人吧！

被他人傷害，也被他人治癒

民宇是高中校園霸凌事件的受害者，當時他全身是傷，花了十個禮拜才痊癒。這場衝擊讓他不斷做噩夢，無法集中精神在課業上、經常受到驚嚇，這些都是典型的PTSD（創傷後壓力症候群）症狀。他因此來尋求醫療協助。

在校園霸凌因應小組的處理過程中，他對於校方不負責任的態度感到失望。這個案件因為適用青少年保護法，在一審判決中，僅給予加害者輕微的處罰，這個結果讓民宇再次受到巨大的傷害，好險在二審時遇到了一位明理的法官，加害者被改判較重的刑罰。

在這艱難的審判過程中，民宇獲得父母的積極支持，朋友們也為他挺身而出、發起請願書活動，希望嚴懲加害者。因為有這些支持，民宇才得以撐過來。接著在下個學期，民宇遇到一位細心關懷他的班導，心中的創傷逐漸痊癒，他還積極參與了班長選舉等活動，漸漸找回自己的自信和本質。曾經因為他人受到傷害的民宇，也從他人身上獲得了療癒。

心理學領域中有一項著名研究引發了廣泛討論。該項研究起於美國心理學家艾米・沃納（Emmy Werner）的一項大規模計畫，她追蹤了夏威夷考艾島出生的833名嬰兒，從胎兒階段開始，一直追蹤到他們超過30歲。在這些人當中，有201名被歸類為「高風險群」，他們成長於父母離異、酗酒或患有精神疾病，以及關係嚴重不和諧且經濟困難的家庭。這些「高風險群」中，有三分之二的孩子長大後涉及暴力事件或犯罪，對於社會適應不良；但有三分之一（即72人）順利適應社會，成長為優秀的成人。

艾米・沃納將研究重點放在這72人身上。探討他們在困難的環境中克服逆境的關鍵。最後，她將這種力量命名為「心理韌性（resilience）」，並發現具備「心理韌性」的關鍵在於——即便身處困境，依然有至少一位成年人無條件支持並同理孩子的立場。

如同民宇的經歷一樣，他平時自我調節能力出色、人際關係良好，是一位性格積極的學生。在他身邊還有品德高尚的父母、盡責用心的班導，尤其班導可說是他的人生導師。儘管民宇面對艱難的狀況，但他仍然知道身邊有一群寶貴的人們在支持著自己，因此萌生了希望將自己一直以來獲得的關心與關愛回饋給他人的目標。民宇表示，在這段經歷中，他的收穫遠比失去來得多。

為自己的人際關係
做好品質把關

對每個人而言，人際關係都是不可或缺的。要以良好的人際關係為復原力打下堅實的基礎。我們的人生中可能經歷或大或小的困境，並在克服這些困境後享受到真正的幸福果實。只不過問題在於，許多人擁有的並非優質的人際關係，而是試圖在劣質的人際關係中尋找安定、慰藉、支持和拯救。

「指望他人」本身就是一個高風險的行為。我們經常看到、聽到，甚至親身經歷被信任的朋友背叛、被愛人劈腿，或者伴侶在婚後態度丕變，本來親密的關係變得比陌生人還糟糕的情況。

人是複雜的存在，無法只以單一面向來定義，尤其在突發狀況下更是難以預測。身為精神科醫師，我深知許多刺激的肥皂劇情節，其實就出自我們身邊的真實事件。好人比想像中還要少，壞人卻不可計數。因此，**我們必須努力區分健康和不健康的人際關係，並學會調整與他人的距離。只有讓身邊圍繞著好人，才能讓好的能量相互流通。**

要辨識對方是否是個好人，別無他法，只能睜大雙眼看仔細。舉例來說，當一個人升遷到高位時，可以觀察他對待下屬的態度，或是，觀察這個人是否只在弱者面前張牙舞爪；以及，當個人利益與對方利益衝突時，對方是如何解決問題的。

我們應該把握關鍵、短暫的瞬間，努力看清對方的真實內在。只要願意觀察就會看出跡象。反之，如果不想看清，自然什麼都看不到。

事實上，我不太能理解為什麼有些人總是不斷強調同理他人、努力溝通、儘量不去評價他人。企業在招募員工時，為了瞭解求職者的素質，通常會先篩選履歷，甚至經過三輪以上的面試關卡。如果在職場中篩選工作夥伴是理所當然，那麼為什麼在私人關係中，我們不能也好好把關自己的人際關係呢？

為了能夠遇見好的、有意義的他人，我們必須先整理掉其他對自己有害的關係，與不合適的人分道揚鑣。唯有先挪出空間，有意義的他人才能進入我們的生命。必須與腳踏兩條船的對象分手，才能給予其他性格良善、真心關懷你的人一個機會。光是要投入精力與適合的人建立深厚的緣分，時間就已經不夠用了。

唯有從同為人類的人們身上，我們才能獲得療癒，感受到幸福。因此，讓我們努力培養看人的眼光，積極呼喚好人吧！他們將走進我們的生命，成為我們的花朵，為生活增添馨香，為生命帶來美麗又優雅的面貌，使你的人生更加豐盛幸福。同時，**我們也應該努力成為他人生命中的花朵！能夠讓某個人的世界變得多采多姿，是一件多麼有意義的事。**

只是專注去喜歡而已，世界就開始發光

我想我應該很接近所謂的「御宅族」。雖然我喜歡的東西常常改變，但我總是能全心投入喜歡的事物之中。看Netflix、網路漫畫和閱讀書籍的時光，總是讓我感到非常幸福。

我期待喜歡的網漫更新的那天，也滿心期待奇幻小說的出版。買到喜歡的作者畫作，並把它掛在診間時，我發自內心感到欣喜。為了滿足我的嗜好，我也捨得花錢購買iPad或者電子閱讀器等設備。我有一面很大的書牆，但想看的書實在太多了，空間不夠放，所以我把許多書裝箱存放在倉庫中，那些都是我打算退休後要仔細閱讀的書。

我在寫作時也如同一位「御宅族」。在書寫的過程中，如果產生疑問或者懷疑自己表達的是否正確，我就會翻遍各種學術論文和參考書籍，與眾多優秀的作者請益。每當出現全新的理論時，我會興奮地拍打膝蓋，讚嘆這個世界是如此廣闊、竟有如此多才華橫溢的人！

無論我再怎麼努力學習，依然是學無止盡，尚未探索的領域仍然如此廣闊。雖然也有為此洩氣的時候，但同時，我的心中也充滿了期待。我在寫作時就如同御宅族一般，獨自投入在智力遊戲之中。只要有熱情，即使寫作時常讓人孤單又茫然，我依然能夠樂在其中。

我十分慶幸，「御宅族」特有的種種特質，我全都具備。

第一，極度內向。所謂的「內向（introversion）」，是指更傾向將精力用於內在世界的特質。外向的人關注外部的事物，樂於展現自己、活躍於社交生活；至於內向的人，則更關心內在世界，享受獨處時間，不太喜歡展現自己。我喜歡將自己的精力投入於內在，相對而言社交能力較弱，因此我的興趣幾乎都是可以獨自在家裡做的事。

第二，高度的正向情感（positive affectivity）。「正向情感」

指的是容易感受到愉悅和快樂的能力。正向心理學家們認為，每個人天生都具備一定的正向情感能力，其中有一半可能受到遺傳或性格特質的影響。人們通常認為外向者的正向情感能力較高，因為他們更願意與他人互動、合作並擴展生活圈。然而，像我這樣的內向者，同樣也可以擁有高度的正向情感。我天生熱愛欣賞優秀的作品，透過各種不需踏出家門的興趣，我獲得了無限的喜悅。

第三，高度的開放性。在前文提到的「（Big-5）五大性格特質」中，其中一項是「開放性」。擁有高度開放性的人，通常有著強烈的好奇心，並樂於探索新事物。對於「御宅族」來說，有什麼比好奇心更重要的特質呢？沒有持續的好奇心，是不可能成為御宅族的。當我對某件事產生興趣時，我會花上好幾天深入研究，並從中發掘新的樂趣。在接觸、探索和學習新事物方面，我從不懈怠，這也是我感到自豪的一大優點。

第四，高敏感特質。這同樣是「（Big-5）五大性格特質」的其中一項。高敏感的人通常焦慮程度較高，情緒比較敏感，而且容易感到擔憂。高敏感特質與負向情感（negative affectivity）有著高度相關性，因此更容易罹患憂鬱症或焦慮症。我很清楚自己容易受到負面情緒的影響，因此我擅長遠離那些與我不合拍或總是傳遞負面情緒的人。我選擇全心投入自己熱愛的事物，這也是我保護自己的一種方式。

將內心的喜好培養茁壯

當我問患者「您平常喜歡做什麼？」時，常常得到模糊不清的回答。

「就……看Netflix。」
「通常都看什麼類型的影片呢？」
「就……隨便看一看。」
「那在看這些影片時，你會覺得壓力減輕了嗎？」
「看影片只是為了打發時間而已。」
「你在做什麼的時候感到最快樂呢？」
「和朋友們一起喝啤酒聊天的時候最快樂。」

「那一刻你感到幸福嗎？」

「當下覺得快樂。但是一回到家，立刻又感到孤單空虛。」

「除了那些短暫的快樂，還有其他感到幸福的時候嗎？」

「我不太清楚幸福是什麼。」

「你人生中有過讓你感覺非常有意義的經驗嗎？」

「我從來沒有經歷過這樣的事情，所以不太清楚。」

當我們不知道自己喜歡什麼時，世界看起來就會黯淡無光。當一個人處於憂鬱和焦慮的狀態時，即使別人推薦某部電影或電視劇很有趣，也完全提不起勁。因為此時腦中充滿混亂的想法，沒有空間再塞入其他事物。在這種時候，我建議先找出自己真正喜歡的事物。即使像我一樣整天宅在家也沒關係，不必強迫自己出門見人，就算被稱為「宅女」也無妨。

看到總是足不出戶的我，外向的朋友們常常納悶，我生活的樂趣究竟是什麼？看來他們真的無法明白啊！讓我們停止沉浸在鑽研自己的思緒，試著把心思投入在喜歡的事物上吧！用專屬自己的樂趣和喜悅，靜靜地與世界連結。如此一來，曾經有如黑白電影般的生活將會變得多采多姿。

僅此一次的人生，盡情享受吧！

快樂的人都有一個共通點：擅長品味正面的經驗，懂得享受人生。能夠妥善應對負面事件的能力固然重要，但能夠在正面經驗中發現生活的樂趣和喜悅，同樣是一項重要的能力。

美國洛約拉大學的心理學教授弗雷德・布萊恩特（Fred Bryant）針對「如何獲得幸福」這項主題，提出了「享受」這個見解。

所謂的「享受」，是指透過有意識的努力，對於正面體驗進行充分的自我覺察，從而增強並且維持更久的幸福感。這種享受存在於生活的方方面面——飲食、藝術、大自然、愛情等，並且能夠從中找到正面的意義。「享受」是只有活在當下的人才能感受到的正面情緒。懂得享受生活的人較為樂觀，生活滿意度較高，負面情緒也較少。

懂得享受人生的人會陶醉在美好的經驗中，並對帶來這些體驗的人心存感激。「感恩」是一種只有人類才擁有的能力，認知到他人的付出和關懷，並對此心懷感激，不僅可以激發自身和他人的正面情感，也能賦予正面行為更多的意義。了解「世界上沒有理所當然的善意」的道理，感恩之心便會油然而生。明白生命中的好事並非憑空而來，這樣的認知，也會促使我們在當下享受美好的時光，並獲得快樂與幸福。

友真不知道該如何享受人生，雖然成長在富足的環境中，也在優良的職場工作，但她對所有事情都不在乎，認為生活很無聊，對任何事情都不抱期待，總是預期最糟糕的結果。她從小就受到父母的教育：「事情做得好是理所當然，任何差錯都不能容忍」，因此她總是嚴格地鞭策自己，追求更好的成果，從未對生活感到滿足。

不久之前，友真被選為公司社團的總務，在安排聚會場地時，她戰戰兢兢，擔心有人不喜歡；如果出席率低，她就懷疑自己是否做錯了什麼，所以大家才不願意出席；每當要幫社團採購物品時，她會花費許多時間來比較產品的規格和價格，以避免落人口舌。對友真來說，社團活動一點也不快樂。

友真認為自己是完美主義者，但其實她在意的是他人的負面評價。她缺乏對正面事物的認知能力，無法享受其中；相反地，她對負面評價極其敏感，將自己的所有精力都用於應對負面情況，因此變得疲憊不堪。無論看到、聽到或經歷什麼，全都認為是自己需要解決的問題，並擔心自己是否能勝任。

布萊恩特教授提出了三種方法來培養「享受能力」：

第一，擺脫對「他人關注和認可」的渴望。為了得到他人肯定而努力的生活，不是我們自己所能掌控的。儘管不容易，我們仍需不斷努力擺脫這種心態。友真內心深處被父母的批評所困，因此很難從心底體會到「享受」帶來的喜悅。

第二，活在當下。如果不專注於當下的生活，即使欣賞了美麗的藝術品或壯麗的自然景觀，也無法將這些瞬間化為美好的體驗，留下的僅是「我參觀了某個美術館」、「我去了某個地方」等客觀事實。「享受」的能力可以說是「品味」和「欣賞」的能力。我們應該練習在美好的時光裡學會「享受」。

第三，聚焦於經驗的正面層面。例如在登山時，儘量避免專注在「登山好累、很疲憊」的感受上，而是將登山視為一種感受大自然的方式、一種健康的運動，或一項能帶來成就感的興趣。友真過去一直順從父母的安排，不懂得尋找自己的人生意義，她認為做得好是理所當然的，所以只關注自己做不好的地方。她誤以為自己是完美主義者，總是繃緊神經，企圖找出自己的缺點和不足。不過，從現在起，她需要養成習慣，尋找和聚焦於自己的優點和正面特質。

觀看韓劇《我的出走日記》時，我再次思考了「享受人生」這個問題。劇中的主角說，如果我們能每天將內心悸動的幾秒鐘收集起來，彙集成五分鐘的幸福，那麼人生就值得活下去。「幸福的反義詞並非不幸，生活中的幸福和不幸會同時並存」這部劇傳達出這樣的訊息。

即使現在的自己感到不幸，也不代表幸福不存在；即使現在幸福，也不意味著不會遇到不幸。我們的人生充滿了幸福和不幸的浪潮，時而潮起，時而潮落。**即使在不幸的時刻，我們也應該牢牢抓住每個瞬間的幸福。只有懂得享受當下的人，才能體驗到人生真正的自由與喜悅。**

台灣廣廈國際出版集團
Taiwan Mansion International Group

國家圖書館出版品預行編目（CIP）資料

你比想像中強大：停止內耗，找回人生主控權的35個練習 / 全美暻著；余映萱譯. -- 初版. -- 新北市：蘋果屋出版社有限公司, 2024.09
240面；14.8×21公分
ISBN 978-626-7424-36-0(平裝)
1.CST：自我肯定 2.CST：自我實現

177.2 113012277

蘋果屋
APPLE HOUSE

你比想像中強大

停止內耗，找回人生主控權的35個練習

作　　者／全美暻
譯　　者／余映萱
特約編輯／彭文慧
編輯中心執行副總編／蔡沐晨・**編輯**／蔡沐晨
封面設計／曾詩涵・**內頁排版**／菩薩蠻數位文化有限公司
製版・印刷・裝訂／東豪・承傑/靖和・秉成

行企研發中心總監／陳冠蒨
媒體公關組／陳柔彣
綜合業務組／何欣穎
線上學習中心總監／陳冠蒨
數位營運組／顏佑婷
企製開發組／江季珊、張哲剛

發 行 人／江媛珍
法律顧問／第一國際法律事務所 余淑杏律師・北辰著作權事務所 蕭雄淋律師
出　　版／蘋果屋
發　　行／蘋果屋出版社有限公司
地址：新北市235中和區中山路二段359巷7號2樓
電話：（886）2-2225-5777・傳真：（886）2-2225-8052

代理印務・全球總經銷／知遠文化事業有限公司
地址：新北市222深坑區北深路三段155巷25號5樓
電話：（886）2-2664-8800・傳真：（886）2-2664-8801
郵政劃撥／劃撥帳號：18836722
劃撥戶名：知遠文化事業有限公司（※單次購書金額未達1000元，請另付70元郵資。）

■出版日期：2024年09月
ISBN：978-626-7424-36-0